经典阅读 传承创新

金龙——著

传统礼仪
当代启示录

商务印书馆
创于1897 The Commercial Press

图书在版编目(CIP)数据

传统礼仪当代启示录/金龙著. —北京:商务印书馆,2021
ISBN 978-7-100-19345-0

Ⅰ.①传… Ⅱ.①金… Ⅲ.①礼仪—中国 Ⅳ.①K892.26

中国版本图书馆 CIP 数据核字(2021)第 005991 号

权利保留,侵权必究。

传统礼仪当代启示录
金龙 著

商 务 印 书 馆 出 版
(北京王府井大街36号 邮政编码100710)
商 务 印 书 馆 发 行
北 京 冠 中 印 刷 厂 印 刷
ISBN 978-7-100-19345-0

2021年4月第1版 开本 880×1230 1/32
2021年4月北京第1次印刷 印张 9¾
定价:49.00元

目　录

序 / 1

前言 / 1
文化多元时代的礼仪文化观 / 1
"礼"的起源 / 17
"礼"的根本精神 / 38
"礼"与"仁"：中国传统文化的核心究竟是什么？ / 55
"礼"与"仪"：人为什么需要仪式感？ / 74
"礼"与"义"：中国是"礼仪之邦"还是"礼义之邦"？ / 94
"礼"与"乐"：如何理解礼乐文明？ / 120
"礼"与"诗"：从"诗礼传家"到"诗意地栖居" / 146
"礼"与"美"：从礼乐美学到生活美学 / 166
"礼"与"直"：中庸之仁与儒家正义观 / 187
"礼"与"君子"：从古之君子到今日绅士 / 198
传统礼仪与儒商精神 / 222
传统礼仪与家庭教育 / 246
礼仪的生命意义 / 262

后记：礼仪与真情 / 277

序

2019年5月12日，正值先父微楷书法艺术展在天津松间书院开幕。正是这一天，金龙兄专程从北京来津参加我生命史中最重要的一次盛会！当时，因为从四面八方来的朋友太多，我几乎只能用紧握双手以示感激之情，而无暇聊上几句话。金龙兄到场最早，一见面就忙不迭地交给了我一个大布袋，事后我才发现这是他近期出版的大作《一本书的图书馆之旅》和他那厚重的《传统礼仪当代启示录》书稿。他有先见之明，怕我忙，所以事先附有短信一封给我。看信时，我的第一反应：龙兄真是我的精神同道！几句话就明晰地概括了他对传统文化中礼仪问题的认知，但是信的最后还是给我提出了一个大难题：为他的大作写篇序文。这个要求是我最为惶恐的"大事"！原因众所周知：我老了，而且很少动笔写学术性的文字。所以在随后的微信聊天中，我坚辞龙兄给我出的难题。但是，龙兄也许熟知我"心软"，对朋友又讲道义，所以他用了比我还坚决的态度，要求我写哪怕百十个字的短文都可以！我终于被龙兄的诚意"压服"了。但我还是反复声明，我已经不是2015年、2016年登上"文津讲坛"和"国图讲坛"的我了！且不说学问上毫无长进，年岁却忽地老了三四年！是的，我很长时间以周有光先生111岁时的寄语来激励自己："年纪老了，思想不老；年纪越大，思想越新。"惭愧，真的惭愧！我当然达不到周老的这种人生境界，虽然有时也希望自己争取机会通过各种形式和朋友多多进行交流，从而开启已逐渐闭塞的脑洞，提升自己的认知水平，开拓视阈，从而跟上文化学术发展的脚步。但是我却又清醒地知道，这一切似乎都太迟了！

不过，我也说说心里话，69个春秋，我都没离开过南开大学的讲坛（除政治运动以外）。于是，就将讲课、写作视为自己的天职，不讲课、不写些东西，就觉得自己是失职的。当然我的学术良知又不允许我在任何场合说假话，说套话，因为我认为那是一个教师的渎职行为！可是今天我还是遇到了这个难题！这就是龙兄研究的课题对我来说岂止是陌生，简直是因少有接触而真的不懂。所以我明确而又真诚地向龙兄告白：对你研究的专题我没有发言权。直到家父微楷书法艺术展告一段落，并把原作等收拾利落后，心里也踏实些了，我还是在微信中向龙兄说明我"缺乏信心"，不知这篇序文我将从何说起，所以硬着头皮再次请教龙兄指点一下他的"核心"观点。很快，龙兄在微信中回应了我，说："在我的认识里，现在礼仪存在的最紧要问题并非礼节、形式的问题，而是缺乏礼仪的精神；另外，就传统礼仪而言，人们的曲解、误解广泛存在。其实，我在文中通篇都在试图谈礼仪的精神……同时反对把礼仪表面化、工具化、功利化。"龙兄还毫不掩饰地告诉我："现在一些人学礼仪讲礼仪只是用来做表面文章！"龙兄的"核心"观点已经明晰指出——礼仪的精神，一下就点醒了我的"灵感"，忽地引发了我的思考：一个是传统文化的现代性或曰现代转化问题，一个就是当代意识的问题。

常识说明，一个民族的传统无疑与其文化密不可分，离开了文化，无从探寻和捉摸什么是传统；而没了传统，也不成其为民族的文化。然而，我们却经常发现，"文化传统"和"传统文化"往往被混淆了。其实，文化传统是指那些支配千百万人的生活方式的习惯和力量，可以说是一种集体无意识，是一种潜意识。它支配的是千百万人，而不仅是支配某一个人，这是一种习惯势力或曰一种模式，是人们照它而行动，而又不是时常意识到的一种观念，一种精神力量。而传统文化则是指具体的文化，或物质的或精神的，而最终是要诉之于人的精神，诉之于人的文化—心理结构的深层，即诉之于人的心灵世界。比如，我们现在指认的传统礼仪，因不同时代，不同人群，人们就会依据自身的素养、品位、伦理观念、人格精神、审美理想以及此一时彼一时的心态，去感悟传统礼仪。这种人们司空见惯了的文化现象，我把它看作是一种精神流动体。于是，人们就会面临太多复杂的问题，特别是一个如何以当代性去审视的问题。

作为"礼义之邦"的中国，我们对传统文化的形式，包括极具形式感的礼仪，似不可以弘扬民族文化之名去顶礼膜拜。因为，归根结底，传统文化产生于古代，它与生俱来就有多元性、多重性和复杂性，不可能是简单的什么民主性精华和封建性糟粕的问题。就现在遗存下来并可考辨的古代礼仪来说，就有更多客观性的东西、真实性的东西、艺术性的东西、纯形式感的东西，即不乏一种属于"中间性"或"中间状态"的东西，这绝不能一刀切，或非此即彼。于是，现代价值观对传统文化中的所有遗产必有所"遗忘"，必有所"抛弃"。价值观念既要讲究"沟通"，又决定了传统文化必须与现实的文化建设相结合。传统文化向现代化的转换，必将是我们重要的历史文化使命。在这里，现代意识和传统文化中的价值核心必然进行整合。比如古老的礼仪美可能是美的，但它又不可能永远在一种模式中捕捉住人的现代需求。即，礼仪精神必须是现代性的，它是在现代性转换中的必然。更不能忘却的关键，则是我们必须有"发现意识"的眼光和"激活"的能量。一言以蔽之，强化现代的礼仪的精神，如同对待一切传统文化一样，我们应该用最大的力量"打"进去，更要用最大的智慧和勇气"跳"出来。

而这一切，最最需要和渴望的就是当代意识的观照了。何谓当代意识？如果说，历史意识乃是通常所说的尊重历史的真实和厚重的历史感的话，那么当代意识，实质上是研究者主体的一种现实精神和科学性要求。龙兄突出强调的"礼仪的精神"，不是辞义的调换，乃是他的科学的现代精神，科学的悟性和思辨。其中包含了对真理的信仰与追求，以及作为一名学者所具有的独立品格和学术尊严。一位当代思想史学者曾说："一代人本身有怎样的历史，总是在影响这代人如何理解以往的历史。兰克和他的学派当然可以要求纯客观，但未必能够做到纯客观。人们走不出自己的历史，犹如走不出自己的皮肤。"[1]事实不正是这样吗？所以写到这里，忽地又想到法国的雷蒙·阿隆那句调侃的话，大意是说：历史是由活着的人为活着的人重建的死者的生活。话虽拗口，我看，都没跳出克罗齐那句耳熟能详的名言："一切历史都是当代史。"

我有意从当代史学家、哲学家的只言片语中抽取了这些观点，绝非断章取义，而是从他们的整体理论内涵中抽取精要，作为研究传统文化的参照系而已。既然其他文化领域可以如是观，那么传统文化中的礼仪精神难道不可以作如是观吗？事实是，在最准确意义上阐释历史文化中的礼仪观，都必然具有时代精神、

---

[1] 朱学勤：《道德理想国的覆灭》，上海三联书店，2003年，第12页。

历史个性乃至文史学者的人文性格在。概而言之，作为现代化的文明研究，取决于社会的现代化，而社会的现代化又取决于人的现代化，而人的现代化最根本的是人的观念的现代化。由此派生的问题就是传统文化如何去体现现代意识，以适应和引领当代人的文明素养和审美需求。这里的关键当然是人的观念的不断更新，是我们自身的文化精神、人格素养和审美力如何进一步提升的问题。龙兄从不同的角度阐述传统礼仪的现代转化，正是为解决这一问题。因此，面对传统文化的礼仪观的现代性转化，礼仪精神的重塑，应当是主动的、参与的、具有反思力度的。正如龙兄的整体观照和反思礼仪的沿革史那样，不然传统文化之于我们就会走向它的反面。所以在研究一切传统文化和文化传统时，反思我们自身的精神境界和思维态势及其不断更新等问题，是万万不可忽视的。

目前似乎尚无打通传统礼仪与现代礼仪的作品面世，我想，龙兄能够率先写成本书是与他复合的知识结构有关的。他本科学习外语专业，研究生学习外交学专业，这给予了他国际化的视野；他接受导师系统化的现代礼仪教育，并做了大量礼仪普及的实践工作，因此能够在此基础上进行更加深入的思考；他在国家图书馆接受传统文化熏陶，广泛阅读礼学典籍文献，负责和参与过国图讲坛、文津图书奖、文津经典诵读等文化项目，策划举办大量优质的学术讲座，面向社会推介当代优秀作品和古代经典诗词；他兴趣广泛，乐于涉猎不同学科的知识，与许多领域的知名专家学者皆有交流互动。天下学问，你中有我，我中有你，彼此渗透，相互关联，相互交融，这些多元化的知识对于他的思考和本书的写作必然有所助益。

上面我的这些外行语，不知与龙兄阐释的礼仪精神的当代启示之精要是否契合？只有等龙兄再给我一一点拨了。

不能不写的"赘语"：

我和金龙兄成为忘年知己，不能不说是一次"偶遇"。记忆中，我是2015年上半年去"文津讲坛"讲的"明清小说审美意识更新"的问题。我认为我的讲课生涯已经到了"退休"年龄。万万没想到，在纪念汤显祖逝世400周年之际，国家图书馆又征召我去介绍介绍《牡丹亭》的伟大贡献。没想到一次通常的讲座，却让我结识了朴实无华真诚亲切的金龙！在匆匆流逝的岁月中，龙兄从未嫌弃我这个老朽，而是像对亲人一样待我。仅仅三年多的时间，我们就成了精神同道，而且建立了亲情般的友谊。我想这就是命运的安排，让我们走在了一起。今天，龙兄的研究工作处于上升时期，在他凝视学术领域发展态势的同时，他将自己的发现意识投入到激扬的写作过程之中。我分享了他的研究成果，这也提升了我的学术认知水平。今天又让我为他的新作撰写序文，我必须为龙兄祝贺，并静候其大作早日面世。

南开大学
宁宗一
2019 年 5 月 23 日

前 言

20世纪90年代初以来，现代礼仪教育普及从星星之火渐成燎原之势。除专家学者的努力推动外，媒体特别是电视、网络对于现代礼仪知识的普及起到了极大的作用。同时，一些高校为培养全面发展的人才，陆续开设了礼仪课，一些单位为促进业务发展、开展对外合作、提升社会形象，组织了员工礼仪培训。应该说，今天的国人对于现代礼仪已然不再陌生，随着社会环境的变化、生活条件的改善和礼仪的普及推广，大多数人都具备了一定的现代礼仪知识，这一点不难感受到。但人们是否能够去践行这些礼仪知识还需要存疑，因为社会上无视礼仪、背离礼仪的不文明行为比比皆是，甚至突破道德底线的事情也时有发生。知多行少的原因在哪里？实在令人困惑。在礼仪教育培训和普及推广中，我逐渐意识到，当今人们多把礼仪当作一种外在表现、外在形象塑造的手段，甚至当作建立人际关系、助力成功的工具，这就造成了人们对待礼仪的功利性取向，而礼仪的内在精神则缺失了。于是，礼仪成了表演、作秀，人们普遍只将礼仪运用在"需要"的地方、"有用"的地方，而没有把礼仪作为人的综合素养和全面发展的必备条件。我还发现，钱逊先生在多年前就曾指出这一问题，他借用孔子"礼云礼云,玉帛云乎哉"的话说"礼云礼云,语言云乎哉",来批评只讲语言形式,没有对他人的平等、尊重和仁爱之心,没有为人民服务的自觉,礼仪就只能流于形式,并指出这在某种程度上已成通病,是许多事情事倍功半、不见实效的重要原因[①]。

如何使人们寻回礼仪的内在精神?或许既需要改变当前礼仪教育中的功利性导向,也可以从传统文化中获得有益启示。近年来人们对传统礼仪表现出愈加浓厚的热情和兴趣,同时传统礼仪与当代生活的脱节则给人们造成了认识误区。例如,将现代礼仪或国际礼仪等同于所谓的"西方礼仪",将"礼乐文明"的"礼乐"理解为礼节和音乐,将"礼之用,和为贵"中的中庸之道、中和思想理解为一团和气,以讹传讹的"礼仪之邦"几乎取代了正牌的"礼义之邦",等等。更有甚者利用人们对于传统礼仪的热爱和隔阂,或将古礼照抄照搬到当代生活中,或将传统礼仪中的糟粕当作精华来宣传,或大肆传播错误的礼仪知识。这些误导完全背离了传承发展中华优秀传统文化的精神。

面对上述诸多现状,我认为,关键在于解决传统礼仪与当代大众生活之间关系的问题,也就是说要认清和继承传统礼仪中有当代价值的部分并实现其现代转化。

---

① 钱逊:《孔子仁礼关系新释》,载《孔子研究》,1990年第4期,第29—31页。

当应中国礼宾礼仪文化专业委员会之约，为礼宾礼仪师资班讲授"中国传统礼仪与教学运用"课程的时候，我试图打通传统礼仪与现代礼仪的隔阂，从传统礼仪的基本问题入手，努力厘清传统礼仪与传统文化其他元素之间的关系，同时结合今天人们所面临的精神生活问题和社会上存在的现实问题，探究传统礼仪的精神，使传统礼仪真正有益于当代文明，有益于今人生活。该课程在每一期师资班上都受到学员们的欢迎，在其他单位组织的课程中也反响热烈，特别是在高校授课时，不但激发了学生们强烈的兴趣，而且引发了他们广泛深入的讨论，这些反馈鼓励我把自己的一些思考写出来。

本书的着力点有两个方面，一是引导读者走出对传统礼仪的认识误区，为此需要讲清"礼"及其他相关概念，并厘清它们之间的关系，以利于今人考察和理解；二是借助传统礼仪寻回礼仪的精神与原则，找到它们与今人生活的契合之处，为现代礼仪寻求思想支撑，当然更多的是提出问题引发思考。同时，本书也涉及其他国家、地区、民族和文化中的一些礼仪问题，便于读者以联系、对比的眼光看待礼仪文化。

当从现代礼仪回视传统礼仪的时候，我既看到了传统礼仪的魅力，也看到了它的时代特征；当从传统礼仪观望现代礼仪的时候，我既看到礼仪的发展流变，也看到了今人对传统礼仪的热爱、误解甚至曲解。由此我认识到，作为试图打通传统礼仪与现代礼仪的基础工作，客观地、历史地认识传统礼仪与实现传统礼仪的创造性转化同样重要，缺少了前者则后者无法实现，缺少了后者则前者便失去了现实意义。事物一旦产生，便有其自身的发展轨迹，面对过去，我们只有遵循事实，并尽力还其本来面目；面对未来，传承有生命力且符合当代文明的，追怀但不留恋必然逝去的，这或许才是最佳的选择。传统礼仪中符合文明发展的，自然会成为现代礼仪的有机组成部分；被现代文明所遗弃的，则会成为历史的记忆和历史文化研究的对象。为此，需要妥善评议，客观对待。正如宁宗一先生在为这本小书作的大序中所强调的："强化现代的礼仪的精神，如同对待一切传统文化一样，我们应该用最大的力量'打'进去，更要用最大的智慧和勇气'跳'出来。"

关于传统礼仪的当代价值，我的授业恩师金正昆教授曾指出："孔子之'礼'应予学习、应被传承之点主要有三：其一，是它有关'以礼敬人'的主旨；其二，是它有关'礼'之运用'时为大''大礼必简'的思想；其三，是它有关'礼以化人'、经世致用的精神追求。以上三点的共同之处，都是有关'礼'的理性思考，是孔子之'礼'最值得'扬'的。除此之外，由孔子所制定并且已经成为中华传统文化主旋律的有关做人、做事的基本行为规范，同样值得当代人予以发扬光大。与此同时，必须承认：孔子之'礼'并不完全适用于今日之中国。对其死记硬背或照搬照抄到今日中国人的生活与工作中，必定劳而无功。"[1] 我认为，导师的宏论发人深省，当今大众学习传统礼仪应重在对当代文明仍然有益的思想、精神和行为规范的传承，促进传统礼仪中那些优秀的有生命力的部分演进成为现代礼仪的一部分，而绝非将古人的礼仪照抄照搬到当代社会中来。毕竟，我们不是要把现代文明倒退回古代，而是要在扬弃中实现传统礼仪的现代化，这正是文化自信的彰显！

---

[1] 金正昆：《孔子之"礼"新探》，《江西社会科学》，2017年第5期，第248页。

文化多元时代的礼仪文化观

在礼仪的研究和教学中，常有人将礼仪简单笼统地划分为"东西方礼仪"或者"中西方礼仪"，还有人认为国际礼仪等于"西方礼仪"，更有人无视时代的发展而试图将传统礼仪原封不动地照抄照搬到当今社会中来。如此种种情况，较为普遍地存在。如何看待这些现象、走出误区，对于礼仪的教学研究和普及推广具有重要的现实意义。那么，身处文化多元时代的人们应该对礼仪文化持有什么样的观念呢？

以东西方划分礼仪是对礼仪文化多元性的忽视

每每有人谈及"西方礼仪"，其实往往并没有界定清楚什么是"西方礼仪"，而且很容易令人联想到"西方礼仪"是相对于"东方礼仪"而言的。或许这是因为人们视礼仪为文化的组成部分，并根据"东西方文化"的说法而来的。"东方文化"与"西方文化"作为一对对立的概念在世界范围内被长期使用，但这对概念本身是模糊不清的，葛剑雄、李慎之、周有光、宁宗一等多位著名学者曾先后就此做过重要论述。基于以上几位学者的观点不难看出，将礼仪划分为"东方礼仪"和"西方礼仪"，同样也是经不住推敲的。

其一，从地理概念看，本初子午线经过的英国等国横跨东西半球，欧洲的大部分区域处于东半球。按照制图学以西经20度和东经160度划分东西半球，南极洲暂且不论，则绝大部分的欧洲、亚洲、非洲、大洋洲皆属东半球，唯有北美洲和南美洲属西半球。显而易见，以东、西方来笼统划分礼仪文化的看法显然不是出于地理概念上的考量。

其二，从地域之间的相对位置看，所谓东、西方都是判断者以自身所在地为中心来确定的。例如，在古代印度人眼中，中国地处东方，是太阳初升之地，因此称为震旦。而玄奘则西行求法，或按照《西游记》中的说法"前往西天拜佛求经"，是将印度作为西方。再如，日本由于地处中国的东面，自称"日出之国"，将中国作为西方"日没处"。《隋书》记载：公元607年日本推古朝派出的第二次遣隋使向隋炀帝献上以"日出处天子致书日没处天子无恙"[1]为开头语的国书。《日本书纪》则记录：日本天皇在给中国皇帝的国书中写道"东天皇敬白西皇帝"[2]。礼仪是在漫长的历史长河中不断发展变化的，究竟"东方礼仪"和"西方礼仪"是指哪里的礼仪，显然在具体的时间和空间所指不同。

---

[1] 〔唐〕魏徵等撰：《隋书》（六），中华书局，2014年，第1827页。
[2] 《日本书纪》，文海堂，日本明治三年（1870），推古天皇十六年九月条。

其三，冷战时期，世界被划分为东方社会主义阵营和西方资本主义阵营，东西方成了不同政治阵营的指代。社会主义阵营被西方国家称为东方集团（Eastern bloc）或苏联集团（Soviet bloc），但东欧诸国和苏联部分加盟共和国的人们所沿袭的礼仪文化显然与欧洲各国更为接近。而按政治阵营属于西方国家并作为西方七国集团（G7）创始成员国的日本，虽则人们早已习惯了穿西装、吃西餐，但同时也很好地继承并保留了其自身的传统礼仪，可这些传统礼仪显然并非所谓的"西方礼仪"。因此，这种以政治阵营划分东西方的标准也不适用于礼仪文化。

其四，李慎之先生曾指出："西方文化因为有一个希腊—罗马、犹太教—基督教的传统还不妨囫囵谈论。东方文化则至少有东亚文化（姑且以中国的儒教文化为代表）、南亚文化（姑且以印度的印度教文化为代表）、西亚—中亚—北非文化（姑且以阿拉伯的伊斯兰文化为代表）。三者大不相同，其差别实不亚于中国与西方的差别。"[①] 可见，不但地理概念上、地域相对位置上、政治制度上的东西方划分不能适用于文化，即使专门为文化而设置一个东西方的标准也是无法实现的，因为每种文化的边界并不清晰，要说清某种文化的范围从哪里

---

① 李慎之：《东西方文化之我见》，《天津社会科学》，1998年第1期，第52页。

开始到哪里结束，不可能达成统一意见。同时，每种文化内部也都存在着差异。单就"囫囵谈论"的"西方文化"来说，欧洲各国家、各民族皆有自己的特点，若将此"西方文化"扩展到欧美文化，那么其中存在的差异也随之放大。文化多元既是文化间的多元，也是文化内的多元。且不说中国东西两端相距5000多公里，而礼仪风俗迥异，日本的东京和大阪虽然相距只有500多公里，礼仪风俗也有着诸多不同。事实如此，更遑论界定"东方礼仪"和"西方礼仪"。

可见，以东西方划分礼仪文化在学理上和事实上都是站不住脚的，这种粗略生硬的分类方式忽视了礼仪文化的多元性。

礼仪基本理念的跨文化共通性

"百里而异习，千里而殊俗。"虽然不同国家、不同地域、不同民族的礼仪在礼节、仪式层面存在着差异，但在基本理念、精神价值层面则有诸多共通之处。然而在礼仪研究、教学与日常应用中，人们往往更加关注、强调"异"，而忽略"同"。"张载哲学启示我们，世界各文明之间，虽然存在差异，却不必然发展成为冲突。"[1]"存异"是必要的，但如果不努力"求同"，

---

[1] 刘梦溪：《学术与传统》，北京时代华文书局，2017年，第1230页。

则如何加强交流、扩大共识呢？特别是在文化多元时代，发掘不同地域、不同文化中的礼仪文化共通之处更具价值。

其一，爱人思想。孔子赞同子贡"仁者爱人"，孟子亦曰"仁者爱人""民为贵，社稷次之，君为轻"。孔子还明确指出："人而不仁，如礼何？人而不仁，如乐何？"对子夏"礼后乎"的提问，孔子予以肯定的回答，认为"礼在仁后"正如"绘事后素"一样。通过与颜渊的对话，孔子提出"克己复礼为仁。一日克己复礼，天下归仁焉"的思想。那么什么是"仁"？经典答案之一便是"樊迟问仁，子曰：'爱人'"，"仁"即仁爱。以上这些说明，孔子之"礼"的目的是"仁"，"礼"服务于"仁"。与此相对应，基督教文化倡导博爱，伊斯兰教文化讲至仁至慈，佛教文化重视慈悲，虽然这些理念的内涵并非完全相同，但落实到礼仪上都包含劝人向善、善良友爱之意。可见，不同文化背景下，礼仪的价值追求是相对一致的。

其二，人本精神。礼仪的行使者是人，礼仪最终要通过人来实现。至今中国人在礼仪规范中依然认同孔子"己欲立而立人，己欲达而达人""己所不欲，勿施于人"的逻辑，在礼仪的实施中普遍认同"食色，性也"的人道理念。欧洲的人本精神、人道主义由来已久，自文艺复兴时期以来，人文主义者热情洋溢地讴歌人的价值、尊严和力量，倡导个性解放，以理性反对蒙昧，法国大革命时期还提出"自由、平等、博爱"的口号。《古兰经》人本伦理思想既是伊斯兰教教义的主要内容，又是使伊斯兰教走向积极入世关怀的基本理念。佛教则针对不同的人开出不同教法，正是人本精神的体现。这些不同文化都强调从人出发、以人为本，对不同文化背景的人们的礼仪修养起着导向作用。无论在何种文化中，要提倡以礼待人、以礼敬人，而这些脱离了人显然都无法实现。

其三，自制原则。自我克制作为礼仪的要义之一，广泛地存在于不同文化之中。中国人自古重视的自谦也是一种自制。《尚书》讲："满招损，谦受益，时乃天道。"[①]一代名臣张廷玉说："盛满易为灾，谦冲恒受福。"[②]这些中国人熟知的至理名言，伴随着世代中国人的成长，已经不仅是基本的礼仪规范，更成为人生的准则。《保禄宗徒致斐理伯人书》劝诫："凡自高自大的，必被贬抑；凡自谦自卑的，必被高举。"泰戈尔说："我们是大为谦卑的时候，便是我们最近于伟大的时候。"罗曼·罗兰有名言："真实的、永恒的、最高级的快乐，只能从三样东西中取得：工作、自我克制和爱。"古今中外相关名言警句举不胜举，此处不再赘述。在17世纪

---

① 王世舜，王翠叶译注：《尚书》，中华书局，2018年，第365页。凡本书所引《尚书》原文皆出自此书，不一一出注。
② 〔清〕沈德潜编：《清诗别裁集》，中华书局，1975年，第327页。

上半叶，欧洲流行的沙龙文化中，特别强调自制、仁爱、尊重、守礼等原则。众所周知，在日本文化中，人们更是将自制原则贯彻到自谦语、鞠躬礼等生活的每个细节之中。德国社会学家埃利亚斯将自制原则提高到人类文明的高度，在其名著《文明的进程》中论述道："文明发展的特点就在于更加严格、更加全面而又更加适度地控制情感。"[①] 这与"发乎情，止乎礼义""克己复礼为仁。一日克己复礼，天下归仁焉"中对于自制的强调，有着异曲同工之妙。

其四，尊重为本。"夫礼者，自卑而尊人。"尊重他人与自我克制是一体两面，只有其一并非真正的礼仪。"仁者爱人，有礼者敬人。""礼者，敬而已矣。"儒家文化将以尊重为本的"礼"放在极高的位置，故荀子曰："礼者，人道之极也。"（《荀子·礼论篇》）在欧美文化中，尊重、信任、关爱他人是主流的价值观，人际交往中尊严和平等被高度重视，也就是说追求个人利益和尊严与关心他人利益和尊严同样重要。而在世界范围内，尊重彼此、尊重生命、尊重自然早已成为人类的共识。

可见，一方面礼仪的具体规范是多元化、多样性的，不可能以东西方来分类，另一方面礼仪的基本理念、精神价值有着跨文化共通的特点，无法以东西方来割裂。

---

① ［德］埃利亚斯：《文明的进程》，王佩莉、袁志英译，译文出版社，2009年，第36页。

当然，共通之处绝不仅仅限于上述几个方面。刘梦溪先生在中美文化论坛最后一次圆桌会议上发言时，引用钱锺书先生的名言"东海西海，心理攸同；南学北学，道术未裂"①，来论述文化的"异""同"问题，并专门做了阐述："各个国家民族的不同人群，大家的心理结构和心理指向，常常是相同或者相通的。"②礼仪基本理念的跨文化共通性，同样符合这一论断。

从国际礼仪的具体规范和操作层面不难看到，当今国际礼仪无疑受现代欧美礼仪的影响相对更多，但如果没有得到全人类普遍的认同和遵守，就不可能成为国际礼仪。同时，得到普遍认可的礼仪就是全人类的共同财富，而不再是某个国家、民族或某种文化的专利。可以说当今国际礼仪主要源于某种礼仪，但"源于"绝不是"等于"，而且这种"主要源于"也只是相对而言，并不是单一的"源于"，没有哪一国家、民族或哪种文化的礼仪可以等于国际礼仪。从国际礼仪的基本原则来看，它是普遍适用的，例如对等原则、次序原则、惯例原则，等等。虽然这些原则在不同国家、不同地域、不同民族的礼仪中具体规范不尽相同，有时甚至差别很大，但原则本身却较为普遍地一致或相近。此外，国际礼仪并非一成不变，随着人类文明的进步、文化多元的发展、国

---

① 钱锺书：《谈艺录》，商务印书馆，2016年，第3页。
② 刘梦溪：《学术与传统》，北京时代华文书局，2017年，第1228页。

际交往的日益频繁，国际礼仪自然也会逐渐发生变化。各个国家、民族及各种文化理应积极向国际礼仪贡献智慧，并乐见更多优秀的、文明的、多彩的礼仪成为国际礼仪的元素。与此同时，要避免以狭隘的视角去看待这种变化，企图以某种礼仪作为国际礼仪的单一来源，乃至取代国际礼仪，都是不可取的。

因此，与简单地以东西方来划分礼仪文化一样，认为某一国家、民族或某种文化中的礼仪等同于国际礼仪的观点，不但忽视了礼仪文化的多元化、多样性，同时还无视了礼仪基本理念的跨文化共通性，否定了人类文明的共性。

礼仪文化的多元化、全球化与现代化

伴随着科技飞速进步，全球化、网络化、信息化的趋势在全世界范围内日益凸显，人的流动性与知识的流动性不断加速，促进了礼仪文化的交流与融合，使礼仪文化呈现出多元化、全球化与现代化并存的现象。

其一，礼仪文化的融合自人类文明交往之初已有。礼仪文化融合并非新鲜事物，它是漫长的历史过程。"人类文明交往是人类跨入文明门槛后就开始并将一直持续下去的基本实践活动。……人类文明交往的历史观念反映着不同文明之间和同一文明内部的交往，反映着物质、精神、制度、生态等文明的交往关系，反映着人类对真、善、美良知本性的弘扬。"[①]礼仪既是人类文明的产物，也是人类文明交往的方式。有差异才有融合，礼仪文化的融合持续存在于人类文明交往之中，通过碰撞、磨合、学习与理解来实现。

例如，中英早期交往中发生的最重要的一次礼仪之争，是马戛尔尼使团在觐见乾隆皇帝时是否应行跪拜礼的问题，在经历摩擦之后，"马戛尔尼一行还是见了乾隆，乾隆也就没有要求他们必须双腿下跪，权当他们是化外之人不明礼仪，随便唱个大喏就算了，这样礼仪之争才基本告一段落"[②]。至1873年同治皇帝亲政，各国使节觐见并递交国书时集体抵制跪拜礼，最终以鞠躬礼取代了跪拜礼，此后清政府再也没有要求外交使节行跪拜礼。"由踞坐演化而来的跪拜礼，适应当时人们席地而坐的环境，是最方便、最易行的礼仪形式，也是那时人们最聪明的选择。其本意是向人表示礼敬，在当时并无低三下四之感。随着桌椅出现，环境改变了，人们不再席地而坐，而封建王朝仍然抓住这一礼节不放，且硬性强化其尊卑贵贱功能，以维护其等级森严、王权至上的专制统治。……辛亥革命后，孙中山不失时机地提出

[①] 彭树智：《人类文明交往的历史观念》，人民网，2015年6月11日，http://theory.people.com.cn/n/2015/0611/c40531-27137142.html。
[②] 张鸣：《重说中国近代史》，台海出版社，2016年，第25页。

废止跪拜礼，倡导握手、鞠躬礼，一个新时代开始了。"①如今国家间交往、跨文化交往须遵循国际上共同认可的礼仪规范，而不能将自己的礼仪规范强加于他人，这是礼仪文化融合的结果，是文明进步的标志。

其二，礼仪文化多元化与全球化并存。全球化并非只是经济的全球化，政治、科技、文化、生活方式等方方面面无不全球化。虽然全球化遇到了反移民运动、反全球化运动、反建制主义兴起、英国"脱欧"等一些"插曲"，但其进程并未止步。其中，英国"脱欧"给人们留下深刻印象，但正如英国首相特蕾莎·梅在2017年初达沃斯论坛上提出的打造"全球化英国"目标，表明英国"脱欧"之后将会选择的方向是拥抱全球②。

礼仪作为文化的重要组成部分也在全球化。互联网环境下无论身处世界哪个角落，人们都可以轻易了解自身所处文化之外的其他文化，哪怕跨越大洋、万里之遥的礼仪文化也变得不再完全陌生，而且越来越容易被彼此理解和接受。礼仪文化的多元化与全球化并不矛盾，而是差异与融合的动态过程，也是互相尊重与互相学习的动态过程。礼仪文化的"异"与"同"是并存的，试

---

① 马保奉：《中国封建外交跪拜礼及其终结》，载《从理论到实践——外交礼宾礼仪研究》，世界知识出版社，2019年，第18页。
② 《美英"特殊关系"淡了》，新华网，2018年1月20日，http://www.xinhuanet.com/world/2018-01/20/c_129795242.htm。

图以多元化否定全球化，或者以全球化否定多元化，都是有失偏颇的。换言之，礼仪文化的多元化与全球化只是观察同一事物的不同视角。

近年来，国内一些人反对过"洋节"的声浪日渐高涨，似乎过了"洋节"就丢了传统文化，就没了文化自信，却忘记了中华文化强大的生命力与包容性。这些人大概没有想到，倘若没有所谓的"洋节"，哪有现行的公元纪年？而新年、"三八"国际劳动妇女节、"五一"国际劳动节和"六一"国际儿童节等典型的舶来品"洋节"，反对过"洋节"的人是否也要排斥呢？李泽厚先生在《论语今读》中阐明："只有对自己文化丧失信心，才那么害怕'外国的舶来品'。"[1] 他还曾在接受采访时指出："一些人正在大搞复古主义，结合各种民间迷信，花大量钱财建庙宇，立巨像，搞祭拜，知识人也大倡立孔教、办国学，……反对过圣诞，要用七夕代替情人节，用孟母节代替母亲节，用孔子纪年代替公元纪年，形形色色，热闹得很。我说干脆星期六星期天也不要过了，那也是基督教的嘛。"[2]

文化多元的前提是每个人都有文化选择权。无论"洋

---

[1] 李泽厚：《论语今读》，生活·读书·新知三联书店，2008年，第393页。

[2] 李泽厚：不要拿《论语》掩盖我们最需要的东西，凤凰网，http://news.ifeng.com/opinion/detail_2007_07/13/1322540_0.shtml。

节"还是我国传统节日,每个人都有过与不过的选择权,但绝不可干涉他人的权利、误导他人。节日中有礼仪,国际化的节日中有国际礼仪。国际礼仪是不同国家、不同民族、不同文化背景的人们广泛认可、普遍遵守的,是礼仪在文化多元化与全球化的共同作用下形成的。"人类的未来,世界历史的大趋势,是走向文明的融合而不是相反。"[1]中国是全球化的获益者,有些人惧怕、反对外来礼仪文化,这或许正是缺乏文化自信的表现。

同样也是在近些年,海外的春节气氛有逐年渐浓的趋势。"作为中华民族传统佳节,春节日益成为向世界全面展示中国文化的重要窗口和精彩舞台。中宣部、国新办日前启动2018年春节文化走出去工作,坚持以习近平新时代中国特色社会主义思想为指导,加强统筹协调、创新内容形式、拓宽渠道平台,向世界推介更多蕴含中国智慧、承载中国理念、彰显中国精神的春节文化,把新时代的春节故事讲述得更加生动精彩,增强中国形象的亲和力、感染力、吸引力、影响力,进一步提升国家软实力。……推动春节进一步成为中国时间、全球时刻的国际性节日,提升中华文化国际影响力。"[2]假如这

---

[1] 刘梦溪:《学术与传统》,北京时代华文书局,2017年,第1230页。
[2] 《中宣部国新办:向全世界精彩讲述新时代中国春节故事》,新华网,2018年1月19日,http://www.xinhuanet.com/politics/2018-01/19/c_1122283772.html。

一部署顺利推进，春节逐渐发展成为国际性节日，他国民众以春节礼仪互致祝福，我国那些反对过"洋节"的人是否也要加以反对呢？假如国外有人排斥春节，我国那些反对过"洋节"的人是否会感同身受地拍手叫好、额手称庆呢？事实是，2019年春节，纽约时代广场、柏林波茨坦广场、巴黎埃菲尔铁塔、开罗狮身人面像、东京塔等标志性建筑都张灯结彩，以中国元素庆祝春节，世界多国政要发表讲话向华人及亚裔拜年。两相对比，值得反思。

王蒙先生在2015年北京青年汉学家研修班上的讲话中指出："第一，全球化和现代化是不可避免的，你喜欢它，会全球化，你不喜欢它，也会全球化，你抗议，它也会全球化。第二，全球化和多元化又是并行的，越是全球化人们知道的多了，越明白世界上的文化是多种多样的，你不能简单地把它统一起来，你不可能变成一个文化，变成了一个文化是一个大的悲剧。"[1] 实际上，反全球化本身就是另一种全球化，是全球化的产物。反全球化浪潮高涨的深层原因在于全球化带来获益的分布不平衡，而解决这一问题更需要发挥礼仪文化弥合鸿沟的作用，去推动更加人性的、文明的全球化，进而促进人类社会的公平与进步。

---

[1] 王蒙：《中华玄机》，天地出版社，2017年，第306页。

其三，礼仪需要现代化。周有光先生曾形象地描述说："文化流动，不是忽东忽西，轮流坐庄，而是高处流向低处，落后追赶先进。这样，人类文化才能不断前进。"① 与其以对立冲突的思维定式将礼仪划分为"东方礼仪"和"西方礼仪"，不如以周先生的"双文化论"去关注所有礼仪文化都要共同面临的极为重要的课题：传统礼仪及其现代化。

既要继承传统礼仪中具有当代价值的基本理念和精神追求，也要与时俱进，重视传统礼仪的创造性转化。礼仪的多元化、全球化与礼仪的现代化是一致的，礼仪的多元化、全球化正是礼仪现代化的应有之义。"礼，时为大。"② 礼仪文化必须顺应文明发展的潮流和时代的要求，金正昆教授曾警示今人："孔子之'礼'并不完全适用于今日之中国。对其死记硬背或照搬照抄到今日中国人的生活与工作中，必定劳而无功。"他明确提出："当今在弘扬包括孔子之'礼'在内的中华传统文化的具体过程中，当'扬'则'扬'，当'弃'则'弃'。这种态度……同样也是对中华传统文化、对孔子乃至对

---

① 周有光：《要从世界看国家，不要从国家看世界》，《中国青年报》，2013年06月18日02版。
② 王文锦：《礼记译解》，中华书局，2016年，第280页。凡本书所引《礼记》原文均出自该书，不一一出注。

孔子之'礼'的最好的维护与尊重。"[①] 这些论述对于我国传统礼仪的现代转化具有重要的指导意义。

宁宗一先生指出:"未来的世界是多元的,但绝不应是文明与愚昧并存的多元,该消亡的,谁也无法挽留,不该消亡的,自会生存下去。"[②] 任何礼仪文化都应该积极贡献智慧,跨越文化差异,尊重多元化,正视全球化,追求现代化,共同促进人类文明的进步。

[①] 金正昆:《孔子之"礼"新探》,《江西社会科学》,2017年第5期,第248页。
[②] 宁宗一:《点燃心灵之灯》,北方文艺出版社,2016年,第169页。

"礼"的起源

"礼"缘何而起？通常认为礼源于古人的祭祀。同时，学界也有其他看法，例如源于俗，源于人性，源于交换，源于情，源于理，源于生活，等等。但无论答案最终是什么，关于"礼"的起源的多样化探讨，无疑丰富了人们对于"礼"的认知。

"礼"字释义

汉代许慎在《说文解字》中云："禮，履也，所以事神致福也。从示、从豊，豊亦声。"又云："豊，行礼之器也，从豆，象形。"这就从文字学的角度明确了"礼"的"事神致福"作用。王国维通过研究甲骨文指出，殷墟卜辞中的"㗊""㗊"亦可作"豐"，而"豊"就是"豐"的繁体。"此诸字皆象二玉在器之形，古者行礼以玉，故《说文》曰'豊，行礼之器'，其说古矣。惟许君不知"玨"字即珏字，故但以从豆象形解之。实则豊从珏在凵中，从豆乃会意字而非象形字也。"[①] "盛玉以奉神人之器谓之豐，若豊；推之而奉神人之酒醴亦谓之醴；又推之而奉神人之事谓之禮。"[②] 王国维的这

---

① 王国维：《观堂集林》，中华书局，1959年，第291页。
② 同上。

些论断与孔子所言"器以藏礼"是契合的。

那么,许慎为何又用"履"来释"礼"呢?实际上,在古代典籍中这种解释并非个例。《尔雅·释言》曰:"履,禮也。"《释名》曰:"履,礼也,饰足所以为礼也。"《礼记·祭义》载曾子论孝道时说:"礼者,履此者也。"《礼记·仲尼燕居》曰:"言而履之,礼也。""履"与"礼"的联系可从几个方面去理解。其一,履,即鞋。《说文解字》云:"履,足所依也。从尸从彳从夊,舟象履形。一曰尸声。凡履之属皆从履。"一方面,履使人脱离了跣足生活,同时又是对人的行为的约束,人类由此进入更加文明的时代。另一方面,不同的履适用于不同场合,人需要遵守相关的要求,这说明"礼"具有秩序性和规范性。其二,履还有步的含义,古人以步丈量长度,因此履也有度量之意。由此可知,"礼"既强调规范,又重视"度"。"礼之用,和为贵。"这里的"和"即为适当、恰当之"度"。其三,履为实行。《荀子·大略》曰:"礼者,人之所履也,失所履,必颠蹶陷溺。所失微而其为乱大者,礼也。"可见,荀子认为履行是"礼"的关键,"礼"具有很强的实践性,重在运用。《易经·系辞下》曰:"《履》,和而至","《履》以和行"。"礼"之运用的原则在于"和",金景芳、吕绍纲两位先生曾指出:"履是礼,礼贵和,和宜中。'至'是至于中,不及于中或者过于中都不是'至'。'和而至',

'和'应恰到好处，过或不及皆不可。"① 又指出："君子运用履卦之和来指导行动。和即恰当适中，做事无过无不及。"②

关于"礼"的起源的观点

对于"礼"的起源，自古以来学者们多有论证，他们的观点非常多样，也有学者同时持多个观点，为今人考察这一课题奠定了理论基础。

其一，"礼"源于祭祀。刘师培先生《古政原始论》曾指出："礼字从示，足证古代礼制悉该于祭祀之中，舍祭礼而外，固无所谓礼制也。"③ 李泽厚先生也认为："（礼的）起源和核心是尊敬和祭祀祖先。"④ 远古先民的"礼"多以祈求风调雨顺、降福免灾为目的，这实际上是敬畏自然的反映。自然生养人，因此人"敬"自然；自然的力量又时而侵犯人，因此人"畏"自然。这种敬畏意识为人与自然的关系带来了原始宗教的色彩，远古的人们以最朴素最直接的方式表达对天地鬼神的礼敬。正如刘师培先生所言："古代之祭天日月星也，未制礼器，

---

① 金景芳、吕绍纲：《周易全解》，吉林大学出版社，2013年，第453页。
② 同上。
③ 刘师培：《刘申叔遗书》，江苏古籍出版社，1997年，第678页。
④ 李泽厚：《中国古代思想史论》，安徽文艺出版社，1998年，第13页。

仅以手持肉而已。"①《礼记·礼运》则云："夫礼之初，始诸饮食。其燔黍捭豚，污尊而抔饮，蒉桴而土鼓，犹若可以致其敬于鬼神。"其中说"礼"始于饮食，实际上揭示了原始时代人们礼敬鬼神的方式，即烘熟黍米、烤熟小猪、挖土盛酒，同时抟土烧制鼓槌、瓦框蒙皮做鼓，来礼敬鬼神。"及其死也，升屋而号，告曰：'皋！某复！'然后饭腥而苴孰，故天望而地藏也。体魄则降，知气在上，故死者北首，生者南乡，皆从其初。"孔颖达疏："天望，谓始死望天而招魂。"②"招魂"寄托着对亲人最深切的哀思和敬意。先民将敬畏之心、哀思之情安放于祭祀中，将原始的自然观运用于祭祀中，"礼"随之逐渐萌芽、发展。王国维解释"礼"说："奉神人之事，通谓之礼。"③钱穆认为："'礼'本是指宗教上一种祭神的仪文。"④郭沫若在《十批判书》中说："禮是后来的字，在金文里面我们偶尔看见有用豐字的，从字的结构上来说，是在一个器皿里面盛两串玉具以奉事于神，《盘庚篇》里面所说的'具乃贝玉'，就是这个意思。大概禮之起于祀神，故其字后来从示，其后扩展而为对人，更其后扩

---

① 刘师培：《刘申叔遗书》，江苏古籍出版社，1997年，第678页。
② 〔汉〕郑康成注，〔唐〕陆德明音义，〔唐〕孔颖达正义：《景印摛藻堂四库全书荟要》（第50册，经部，礼类），世界书局，1988年，第478—479页。
③ 王国维：《观堂集林》，中华书局，1959年，第290页。
④ 钱穆：《中国文化史导论》，商务印书馆，1994年，第72页。

展而为吉、凶、军、宾、嘉的各种仪制。"①在这些"礼"中，祭祀仍被视为最重要的，故此《礼记·祭统》云"礼有五经，莫重于祭"。具体而言，祭礼表现为自然崇拜、生殖崇拜、图腾崇拜或祖先崇拜等，据此也可以说"礼"产生于原始崇拜。

其二，"礼"源于习俗。刘师培先生同时持"礼"源于祭祀和"礼"源于习俗两种看法，"上古之时，礼源于俗。典礼变迁，可以考民风之同异"②。可以说，"礼"源于祭祀和"礼"源于习俗两种观点实质上是一致的，因为祭祀和习俗只是对"礼"的起源的不同研究视角。"礼源于俗"是从社会学角度得出的结论。"礼俗"并称始于民国时期，那时开始有学者从社会学角度将"礼"作为习俗进行研究。李安宅在《〈仪礼〉与〈礼记〉之社会学的研究》中阐述："中国的'礼'字，好像包括'民风'（folkways）、'民仪'（mores）、'制度'（institution）、'仪式'和'政令'等等，所以在社会学的已成范畴里，'礼'是没有相当名称的：大而等于'文化'，小而不过是区区的'礼节'。"③例如冠礼、婚礼等都与习俗有关，《礼记·内则》认为"礼"起于夫妇起居之法，"礼始于谨

---

① 郭沫若：《十批判书》，人民出版社，1954年，第82-83页。
② 刘师培：《刘申叔遗书》，江苏古籍出版社，1997年，第683页。
③ 李安宅：《仪礼与礼记之社会学的研究》，商务印书馆，1931年，第4页。

夫妇。为宫室，辩内外，男子居外，女子居内"，使夫妇结合的婚礼是人伦之基、万世之始；《白虎通义·嫁娶》也指出"礼"与夫妇关系有关，"昏时行礼，故谓之婚也。妇人因夫而成，故曰姻"；《礼记·昏义》则认为冠礼是"礼"的起点，"夫礼始于冠，本于昏，重于丧、祭，尊于朝、聘，和于射、乡，此礼之大体也"。《现代汉语词典》也支持"礼出于俗"的观点，将"礼"解释为"社会生活中由于风俗习惯而形成的为大家共同遵守的仪式"[1]。王子今教授在杨树达先生《汉代婚丧礼俗考》的序言中指出，礼俗"原意当包括礼仪制度与民间风俗，而其中的礼仪制度，自然与通常理解的政制不同，实是一种因'俗'而生，又制约着'俗'，与'俗'始终存在密切关系的'礼'"[2]。

除自发从风俗中演变而来的礼仪之外，"礼出于俗"还是统治阶级按照自己的需要对风俗习惯进行改造的产物。这是因为"礼"的规定性强于"俗"的规定性，便于为统治服务。"原始社会和阶级社会，都奉行冠、昏、丧祭、朝聘、乡射之礼，但是在原始社会，它们所体现的是氏族成员之间的平等互助的关系，到了阶级社会，

---

[1] 中国社会科学院语言研究所词典编辑室：《现代汉语词典》（第7版），商务印书馆，2016年，第797页。
[2] 杨树达：《汉代婚丧礼俗考》，上海古籍出版社，2000年，第8—9页。

就变成了为加强宗法等级制度服务了。"①

其三,源于人性。在先秦诸子中,孟子主张"性善论",荀子主张"性恶论",虽然二人的观点不同甚至对立,但"善"与"恶"都是从人性的角度解释"礼"的起源。

无恻隐之心,非人也;无羞恶之心,非人也;无辞让之心,非人也;无是非之心,非人也。恻隐之心,仁之端也;羞恶之心,义之端也;辞让之心,礼之端也;是非之心,智之端也。(《孟子·公孙丑上》)

恻隐之心,人皆有之;羞恶之心,人皆有之;恭敬之心,人皆有之;是非之心,人皆有之。恻隐之心,仁也;羞恶之心,义也;恭敬之心,礼也;是非之心,智也。仁义礼智,非由外铄我也,我固有之也,弗思耳矣。(《孟子·告子上》)

仁之实,事亲是也;义之实,从兄是也;智之实,知斯二者弗去是也;礼之实,节文斯二者是也。(《孟子·离娄上》)

可见,孟子对"礼"的起源持"恭敬辞让"之说,而"恭敬之心""辞让之心"皆为人"善"的本性。

---

① 任继愈主编:《中国哲学发展史(秦汉)》,人民出版社,1985年,第175页。

人生而有欲，欲而不得，则不能无求，求而无度量分界，则不能不争。争则乱，乱则穷。先王恶其乱也，故制礼义以分之，以养人之欲，给人之求。使欲必不穷乎物，物必不屈于欲，两者相持相长，是礼之所起也。(《荀子·礼论篇》)

人之性恶，其善者伪也。今人之性，生而有好利焉，顺是，故争夺生而辞让亡焉；生而有疾恶焉，顺是，故残贼生而忠信亡焉；生而有耳目之欲，有好声色焉，顺是，故淫乱生而礼义文理亡焉。然则，从人之性，顺人之情，必出于争夺，合于犯分乱理而归于暴。故必将有师法之化、礼义之道，然后出于辞让，合于文理而归于治。用此观之，然则人之性恶明矣，其善者伪也。(《荀子·性恶篇》)

荀子认为，在资源有限的情况下，人的欲望会导致利益冲突，从而引发社会的不稳定，因此需要以礼义法度来制约和规范人的行为。荀子由人性本恶推导出"礼"的产生具有很强的思辨性，而荀子能够客观看待人的欲望也符合人类社会发展的现实。由于荀子认为"礼"由"先王"制定并沿袭而来，故也可以将这种"礼"的起源说视为"先王制礼"。

其四，源于"情"。与"礼"源于人性相关的另一观点，是"礼"源于"情"。例如，孟子所说的"恻隐之心""羞恶之心""辞让之心""是非之心"等都是人的真情实感即"情","仁""义""礼""智"则为人之本性即"性"。"恻隐之心""羞恶之心""恭敬之心""辞让之心""是非之心",分别是"仁""义""礼""智"之端,亦即"情"是"性"之端。也就是说情感是人性的本源,人性是"礼"的本性。

《诗大序》云:"情动于中而形于言,言之不足,故嗟叹之,嗟叹之不足,故咏歌之,咏歌之不足,不知手之舞之、足之蹈之也。"歌咏、舞蹈正是远古祭祀之"礼"的元素。关于"发乎情,止乎礼义",人们往往强调"礼"约束"情"的一面,却忽视了"礼"是依据"情"而制定的,以及没有"情"也就没有"礼"的逻辑关系。司马迁云:"缘人情而制礼,依人性而作仪。"[1]《郭店楚墓竹简·语丛一》云:"礼因人之情而为之。"[2]《郭店楚墓竹简·性自命出》云:"礼作于情。"[3]《韩非子·解老》云:"礼者,所以貌情也","为礼者,事通人之朴心者也",梁启雄解释道:"行礼是从事表

---

[1] 〔汉〕司马迁撰,〔南朝宋〕裴骃集解,〔唐〕司马贞索隐,〔唐〕张守节正义:《史记》(第十册),中华书局,2014年,第1157页。
[2] 荆门市博物馆编:《郭店楚墓竹简·语丛一》,文物出版社,2003年,第58页。
[3] 荆门市博物馆编:《郭店楚墓竹简·性自命出》,文物出版社,2002年,第69页。

达人的质朴心情的行动"①。这些论断皆强调礼缘自人心,发自情感。

事实上,"礼出于情"的观点广泛存在于"礼"的起源的各种学说中。例如,祭祀是出于人对于神灵、祖先的敬畏之情,习俗是特定风土人情中形成的行为规范,人性之端在于"情"。追根溯源,"礼"的起源总与"情"相关。

其五,源于"理"。与"礼"源于"情"相对的另一种观点,是"礼"源于"理"。《礼记·仲尼燕居》曰:"礼也者,理也。君子无礼不动。"《礼记·乐记》曰:"礼也者,理之不可易者也。"明代章潢《礼总序》曰:"礼者,理也。在天曰天理;在地曰地理;在人曰脉理;在人伦曰伦理;在木曰条理。支分节解,脉络贯通,至纤至悉,秩然不淆。……圣人制为五礼,岂能于自然之理加减毫末哉!故曰:'亲亲之杀,尊贤之等,礼所生也。'"②这些论述都将"礼"等同于"理",即道理、原则。此外,有些论述虽然没有出现"理"字,但实质上也是以"理"释"礼"。例如,《荀子·劝学》云:"礼者,法之大分、类之纲纪也。"《荀子·大略》云:"礼以顺民心为本。……顺人心者,皆礼也。"《庄子·缮性》云:"信行容体

---

① 梁启雄著:《韩子浅解》,中华书局,2009年,第143页。
② 〔明〕章潢撰:《图书编》(四),上海古籍出版社,1992年,第807页。

而顺乎文，礼也。"

除以上观点外，还有学者认为"礼"源于交换。"礼尚往来，往而不来，非礼也；来而不往，亦非礼也。"杨向奎先生据此提出"礼是商业性质的交往，互通有无，有赠有报，有往有来。"[①] 从商业性质的往来到非商业性质的往来，"礼"实现了从经济行为到文化行为的蜕变。由此可知，"礼"产生于物质文明的发展中。也有人认为无论"礼"的起源是什么，最终"礼"都是源于人的生活，归于人的生活，这种以人类生存发展来考察"礼"的建构，无疑更易被今人所接受。

"三礼"

虽然关于"礼"的起源存在多种观点，但对"礼"发展成为涵盖宗教、政治、法律、伦理、道德、典章、制度等在内的国家体制和社会秩序，则是学界普遍认可的，包括"三礼"在内的古代典籍可以证实。

"三礼"即《周礼》《仪礼》《礼记》三部记载周代礼乐文明制度的典籍，是古代中国礼乐文明的理论形态，对礼法、礼义作了最权威的记载和解释，对历代礼制的影响最为深远。

其一，《周礼》。《周礼》又称《周官》，是一部

---

① 杨向奎：《宗周社会与礼乐文明》，人民出版社，1997年，第250页。

以记述职官职能反映周代政治制度的书，内容涉及政治、经济、教育、风俗、军事等诸多方面，它们全都在"礼"的秩序中运转。《周礼》不但保存了我国古代政治制度的珍贵资料，而且保存了古代法律制度、文化制度、教育制度、经济制度、工艺技术、文学等重要史料。

《周礼》的成书年代和作者问题在近现代学界一直争论不休，古时多认为是周公所作，但无人能提供可靠证据，也有人认为是孔子及其弟子写定。关于成书年代，有西周说、东周说、春秋说、战国说、秦代说甚至汉代说等等，但大多数学者承认它是一部先秦典籍。西汉景帝、武帝年间，河间献王刘德从民间征得一批古书，其中一部为《周官》。经学家刘歆偏爱此书，奏请朝廷将其列入学官。东汉末年大儒郑玄"括囊大典，网罗众家"而注"三礼"。郑玄学术声望崇高，又特别推崇《周礼》，使《周礼》一跃而居"三礼"之首。

《周礼》全书分六个部分，以六官区分。六官即天官、地官、春官、夏官、秋官、冬官。这个划分显然是天人一体观念的体现。从六部分司来看，似乎直接影响到了隋唐以降吏、户、礼、兵、刑、工六部设置。天官也称"治官"，掌"邦治"即主管朝廷及宫中事务，类似于六部之长的吏部，但权力更大，可比宰相或总理。地官也称"教官"，掌"邦教"即主管土地和人口，相当于户部。春官也称"礼官"，掌"邦礼"即主管祭祀和礼仪，相当于礼部；夏官也称"政官"，掌"邦政"即主管军政，相当于兵部；秋官也称"刑官"，掌"邦禁"即主管刑法，相当于刑部；冬官主管百工及土木建筑，相当于工部，因已亡佚，以另一部典籍《考工记》替代。

《周礼》对各项制度的记录极其详尽，是我国第一部系统完整记录国家机构设置、职能分工的专书，也被视为官僚制国家的中央集权法。

其二，《仪礼》。《仪礼》本名《礼》，在"三礼"中成书最早，也是我国最早的关于"礼"的文献，并首先取得"经"的地位，在汉"五经"、唐"九经"、宋"十三经"中皆有其一席之地。《仪礼》系统地反映古代社会生活的面貌，也曾被称为《礼经》《士礼》《礼记》。

关于《仪礼》的成书年代和作者，学术界亦存在分歧。崔灵恩、陆德明、贾公彦、郑樵、朱熹、胡培翚等古文经学家认为《仪礼》为周公手作。《礼记·明堂位》云："周公践天子之位，以治天下。六年，朝诸侯于明堂，制礼作乐。"《尚书大传》云："周公居摄六年，制礼作乐，天下和平。"其中周公所作的"礼"就被认为是《仪礼》《周礼》等典籍。司马迁、班固等今文经学家则认为《仪礼》为孔子所作，皮锡瑞、梁启超也持此观点，并以《礼记·杂记下》中记载的"恤由之丧，哀公使孺悲之孔子学士丧礼"为证据。还有学者认为《仪礼》由孔门弟子及后学陆续编纂而成，历时百年有余。

《仪礼》现存十七篇，主要涉及七个方面的"礼"。一是冠礼，即成年礼。篇章为《士冠礼》，内容包括冠礼前的准备、冠礼的过程、冠礼的变礼及辞令、冠礼的礼意等。行冠礼后的男子便已成年，可以参加社交活动，并接受社会以成人之礼约束自己。

二是昏礼，即婚礼。篇章为《士昏礼》，是男子娶妻的礼仪，包括纳采、问名、纳吉、纳征、请期、亲迎等六个主要程序。因其中蕴含的阳往阴来之意，应在黄昏阴阳交接之时举行，故称昏礼。

三是会面礼。篇章为《士相见礼》《聘礼》《觐礼》。士相见礼是士人相见互为宾主的礼仪。聘礼是诸侯之间互派卿大夫聘问、以加强沟通的礼仪。聘礼根据使者的等级身份及礼物的轻重多少分为大聘和小聘。觐礼是诸侯见天子的礼仪。古代天子命东南西北四方诸侯分别于春夏秋冬四季来见，依次称为"朝""宗""觐""遇"，但其中三者已失传，仅存觐礼。觐礼包括庙中受觐正礼、时会殷同之礼、巡狩而盟之礼等。

四是宴饮礼。篇章为《乡饮酒礼》《燕礼》《公食大夫礼》。乡饮酒礼是乡大夫作为主人招待贤能之士和年高德劭者，共同与在乡学中学成的贤者饮酒，并将他们举荐给诸侯。燕礼是诸侯宴请臣僚的礼仪。公食大夫礼是诸侯宴请小聘问的使者之礼。

五是射礼。篇章为《乡射礼》《大射仪》。乡射礼是乡下属的各州每年春秋会聚民众习射之礼。大射仪是诸侯为祭祀、朝觐、盟会等选定人员或为与臣僚练习射技而在大学举行的活动。

六是丧礼。篇章为《丧服》《士丧礼》《既夕礼》《士虞礼》。丧服根据生者与死者的亲疏尊卑关系不同，其形制和丧期长短也各不相同，以表达哀痛的深浅和丧礼的隆杀。士丧礼与既夕礼本为一体，是关于诸侯之士的父母、妻子、长子丧亡时所用的礼仪。士虞礼是安葬亡者之后，要迎亡者的精气而返回殡宫，于日中致祭，以安精气、魂魄。

七是祭祀礼。篇章为《特牲馈食礼》《少牢馈食礼》《有司彻》。特牲馈食礼是诸侯之士每逢岁时在宗庙祭祀祖父、父亲的礼仪。少牢馈食礼与有司彻本为一体，是诸侯和卿大夫每逢岁时在祖庙祭祀祖祢以及在堂上傧尸的礼仪。

其三，《礼记》。"三礼"中内容最为庞杂的一部是《礼记》。《说文解字》云："记，疏也。"段玉裁注："谓分疏而识之也。"但事实上《礼记》的内容十分庞杂，汇集了先秦礼学家们传习《仪礼》时附带传习的一些参考资料，即"记"。因此《礼记》本是无体例可言的儒学杂编。班固在《汉书·艺文志》中谈到"礼"时说：

"《记》百三十一篇。七十子后学所记也。"①

汉末《礼记》独立成书，经过长期的流传和删改，至东汉中期形成了最主要的两个版本，即八十五篇本的《大戴礼记》和四十九篇本的《小戴礼记》，"大戴"戴德和"小戴"戴圣是叔侄二人，但这两个版本都不是二戴所传习的"记"的原貌。郑玄为《小戴礼记》做注，大大提高了《小戴礼记》的地位。现在所说的《礼记》就是《小戴礼记》，其内容主要包括以下几个方面。

一是解释说明《仪礼》的内容，如《冠义》《昏义》《乡饮酒义》《射义》《燕义》《聘义》《丧服四制》等。二是记述礼制的内容，如《王制》《礼器》《郊特牲》《玉藻》《明堂位》《大传》《祭法》《深衣》等。三是记述礼节的内容，如《曲礼》《内则》《少仪》等。四是记载或托名孔子及其弟子言论的内容，如《坊记》《表记》《缁衣》《仲尼燕居》《孔子闲居》《哀公问》《儒行》等。五是儒家专题论文，如《礼运》《学记》《祭义》《经解》《大学》《中庸》等。六是其他内容，例如授时颁政的《月令》、为王子示范的《文王世子》等。

"三礼"所记载的烦琐礼节今日大多早已无存，但也有一部分内容至今仍可以在社会生活中看到影子。例如今天婚礼依然有聘礼、选期、迎亲等环节，一些地方

---

① 〔汉〕班固撰：《汉书》（第六册），中华书局，2014年，第1709页。

依然保留着黄昏迎亲的习俗；丧服中的五服制度一直延续至今，有"出了五服便不算亲属"的说法；等等。

《礼记》在唐代取得"经"的地位，是"三礼"中进入经典之列最晚的一部。但自成书至明清，《礼记》的地位越来越高，影响也最为深远，这是因为它不仅记载了较为实用的生活礼仪，而且详尽地论述了"礼"的意义和精神。相比之下，《仪礼》则因其单一地记录了各种繁杂仪式，令人感觉刻板枯燥，而日益受到漠视。这深刻地证明了"礼"之内在精神与外在形式在历史进程中被人们取舍的事实，值得今人思考。同时，《礼记》的文字朗朗上口，易于理解、传诵，其中许多语句成为千古格言，这也是《礼记》得以传承的重要原因之一。

欧洲礼仪溯源及与中国"礼"的比较

英文中礼仪（Etiquette）一词指一整套人的社会行为规则。该词源于古法文中的 estiquette，其产生可以追溯到法国国王路易十四统治时期，最初用于宫廷中，当时专指在下一次社交活动前向受邀者分发的卡片。这种关于礼仪起源的说法在法国得到普遍认同，但英国及其他国家的一些专家则对此提出异议。他们认为虽然当时法国制定了某些行为准则，但在恶劣、残酷的条件下，这些准则无法得到充分发展。事实上，在礼仪一词出现之前，礼仪规则就已经产生，人们对于巫师、术士、神灵的崇拜是礼仪产生的历史根源。在古希腊时期，餐桌礼仪、商务礼仪和外交礼仪都已在事实上存在。当然，不同地区的礼仪规则存在不同，有时甚至相反。雅典人认为，衣着务必漂亮，与家人、朋友相处应保持克制和冷静。而在斯巴达，由于人们重视身体之美，因此允许赤身裸体。

中世纪被认为是欧洲的黑暗时期，社会的发展开始衰落，但人们却遵守良好的礼仪规则。10世纪的拜占庭帝国以富丽堂皇的仪式向各国使者展示其强大的力量。

1204年，西班牙牧师佩德罗·阿方索创作的第一部礼仪规则普及教材《牧师纪律》出版，这是神职人员的专用教材。根据这本书，英国、荷兰、法国、德国和意大利等其他国家的人也创作了礼仪教科书。这些书的内容大多关于用餐、交谈、接待客人与组织活动等。

14世纪在意大利境内已经出现了一些礼仪规则，早于英国、法国、德国等国，因此有人认为意大利是欧洲礼仪的发源地。15世纪，欧洲多个国家开始使用餐具，一个世纪后，餐具的使用成为强制性要求。可以说，刀叉的使用推动了欧洲社交礼仪的发展，而法庭上的仪式则进一步促进了礼仪的普及。

17世纪上半叶，欧洲上流社会出现了沙龙文化，"这一制度乃是仁爱、美、雅与秩序种种理想的具体化。在沙龙中人们对于自制、自爱、理性讨论等所做的新努力表现得最为明显"[1]。在沙龙中人们必须遵守礼仪规范，这对于培养温文儒雅的行为方式和高尚的精神境界起到了积极作用，促进了近代文明的产生。启蒙运动时期，礼仪规则备受欢迎，并从贵族阶层普及至普通民众，相对于法庭礼仪而言，这些礼仪规则更加简单、自主。会面时的握手礼也起源于欧洲，并逐渐形成位低者亲吻位高者的手、位低者不可首先向位高者伸出手等一系列规则。

在欧洲之外，古埃及产生礼仪规范的时间更早，《卡格姆尼的教诲》中就描述了父亲如何教育儿子养成良好的行为规范，以便他们在社会中以适当的方式行事，而不会损害家族的荣誉。其中既讲述了谦虚使人幸福之类的原则，也提出了用餐时控制自己饭量、讲话时避免态度傲慢等具体的行为要求。《卡格姆尼的教诲》作为普里斯莎草纸文献的一部分，可以追溯至公元前12世纪。古埃及人对行为规范极为重视，他们已经使用餐具进食，十分注意餐桌上的表现，有时对规范的遵守达到无以复加的程度，以至于有"礼貌使国王成为奴隶"的说法。

《美国传统词典》对礼仪的定义是："由社会习俗

---

[1] 余英时著，沈志佳编：《儒家伦理与商人精神》，广西师范大学出版社，2014年，第472页。

或者权威确定的惯例与形式。"①《韦氏大学词典》对礼仪的定义是："礼仪是由好的家教或者权威当局认定应该在社会或者官方生活中遵守的行为或者程序。"②《柯林斯英语词典》对于礼仪的定义是："社会生活或者公务中被认为是正确的或可接受的习俗或规则。"③《麦加利辞典》对礼仪的定义是："对于社会行为的常规要求、特定阶层、群体或者特定场合所确定的行为规范。"④ 可见，这些词典对礼仪的定义的基本落脚点都在于行为规范。

中国传统上的"礼"含义极为广泛，渗透到包括宗教、政治、法律、伦理、道德、典章、制度在内的古代社会的方方面面。常常被比较的是，中国的"礼"是一种政治秩序，而欧洲的礼仪并没有这一含义，因此有学者认为其他文化中没有与中国的"礼"相对应的概念。钱穆先生曾说："'礼'本是指宗教上一种祭神的仪文。……中国古代的宗教，很早便为政治意义所融化，成为政治性的宗教了。因此宗教上的礼，亦渐变而为政治上的礼。……中国古代的政治，也很早便为伦理意义

---

① *The American Heritage Dictionary of the English Language*, Houghton Mifflin Harcourt, 2011 年，第 611 页。
② 《韦氏大学词典》（第 10 版），世界图书出版公司北京公司，1996 年，第 399 页。
③ *Collins English Dictionary*, HarperCollins Pub., 2006 年，第 563 页。
④ *Macquarie Dictionary*, Macquarie Library, 2005 年，第 486 页。

所融化，成为伦理性的政治。因此政治上的礼，又渐变而为伦理上的，即普及于一般社会与人生而附带有道德性的礼了。"①

中国的"礼"也有个人修养方面的含义，与欧洲的礼仪相比，虽然具体规范不尽相同，但本质是一致的。西周时"礼"是贵族阶级、统治阶级的行为规范，所谓"礼不下庶人，刑不上大夫"。而到了孔子时代"礼"的涵盖范围逐渐扩大，"在孔子的观念中，'礼'是个人行为的重要规范之一，决不是贵族阶级、统治阶级所专利"②，"礼不仅是贵族的，同时是平民的，不仅是平民的，更应是全人类的"③。同样，欧洲的礼仪也有一个从贵族阶级到全民的普及过程。并且，无论是中国的"礼"，还是欧洲的礼仪，抑或古埃及的礼仪，其起源都与对自然、神灵的崇拜有关，其起始都与饮食相关，其发展都从习俗中逐渐形成了大量行为规范。这些差异与共性值得进一步深入做比较研究，从而探求人类文明发展的规律。

---

① 钱穆：《中国文化史导论》，商务印书馆，1994年，第72页。
② 孙国栋：《"克己复礼为仁"争论平议》，载《二十一世纪》，1992年，第12期，第139-142页。
③ 孙国栋：《敬答何炳棣教授》，载《二十一世纪》，1993年，第17期，第138-140页。

"礼"的根本精神

每当论及礼仪的根本精神，人们常会给予高度简洁的概括，例如有人说是尊重，有人说是体谅，还有人说是慈悲，等等。答案是多样的，但都是合理的，没有对错之分，只有考察的角度和探究的深度之别。其中尊重是最为大众广泛熟知的一个答案，这是多年来我国礼仪普及推广成效的体现，也是古人观点传承至今的体现。

《礼记》首篇《曲礼上》开头便讲"毋不敬"，以双重否定句式来强调尊重是何等重要，不可违背。孟子的"仁者爱人，有礼者敬人"是人们论证"礼"即尊重时引用最多的一句话。"爱人者，人恒爱之；敬人者，人恒敬之"则告诉世人仁爱和尊重都是双向的，人与人之间互相给予仁爱和尊重，才是真正的"礼"。《论语》中"恭近于礼，远耻辱也"，一近一远，形象地阐述了"礼"所固有的根本属性。《孝经·广要道》中"礼者，敬而已矣"，以极为确定、无需质疑的语气表明"礼"就是敬，就是尊重。可见，中国古人以尊重、尊敬为"礼"。

在广泛认可这一点的同时，当代人却往往忽视了古人所强调的礼仪的另一个根本要素，那就是"自谦"。《礼记》云："夫礼者，自卑而尊人。"在这里"自卑"并不是"自轻自贱"之意，而是指"自谦""约己"的修为，在今天似乎译为"自制"即自我控制更易于理解和接受，总之就是要求人要自我管理、自我约束。孔子"克己复礼"明确了自制与"礼"的紧密关系，无论这里的"礼"被解读为周礼、礼制还是人性修养，自谦、自制都是"礼"的起点。孟子曰："辞让之心，礼之端也。"自谦、自制不只是礼貌的姿态或者仪式的表达，更是发自内心的敬意。如果没有自谦、自制，"礼"就成为了虚套，不可能符合"礼"之本意。具体到行为上，"发乎情，止乎礼义"，"非礼勿视，非礼勿听，非礼勿言，非礼勿动"，"敖不可长，欲不可从，志不可满，乐不可极"，都要求人以"礼"的自谦、自制精神来适当控制自己的情感和行为。

曹操在《短歌行》中以"山不厌高，海不厌深。周公吐哺，天下归心"点出全诗的主旨，表明自己愿意以谦卑之心礼贤下士、招纳人才的心情。根据今天的现代礼仪规范，"吐哺"是被禁止的，吃进嘴里的东西是不能再吐出来的。但在中国古人看来，"吐哺"才符合自谦的精神，才是礼仪的要求。《韩诗外传》对"周公吐哺"有具体的描述：

成王封伯禽于鲁，周公诫之曰："往矣！子其无以鲁国骄士。吾文王之子，武王之弟，成王之叔父也，又相天子，吾于天下亦不贱矣。然一沐三握发，一饭三吐哺，犹恐失天下之士。"

《史记·鲁周公世家》亦有记载：

> 我文王之子，武王之弟，成王之叔父也，我于天下亦不轻矣。然我一沐三捉发，一饭三吐哺，起以待士，犹恐失天下之贤人。

故此，后世常以"吐哺"比喻位高者以自谦来表达礼贤下士、殷切求才之意。今天的韩国人吃饭时仍然遵循着请长辈先举箸的习俗，倘若晚辈正在吃东西的时候有长辈突然出现，晚辈要立刻用餐巾纸、手帕等掩嘴将吃进嘴里的食物吐出来，而继续当着长辈的面大嚼特嚼是严重失礼的行为。同样，在韩国，晚辈与长辈一同饮酒时，晚辈须侧身并转过脸，用左手微微遮住酒杯才可饮下，这都蕴含着以自谦、自制表达尊重的意思。

在《史记·管晏列传》中司马迁记载了一个关于晏子御者之妻的典故：

> 晏子为齐相，出，其御之妻从门间而窥其夫，其夫为相御，拥大盖，策驷马，意气扬扬，甚自得也。既而归，其妻请去。夫问其故。妻曰："晏子长不满六尺，身相齐国，名显诸侯。今者妾观其出，志念深矣，常有以自

下者。今子长八尺,乃为人仆御,然子之意自以足,妾是以求去也。"其后夫自抑损。晏子怪而问之,御以实对。晏子荐以为大夫。

大意是说,晏子担任齐国之相时,有一天出门去,车夫的妻子从门缝里偷看她丈夫。她丈夫替国相驾车,坐在华盖之下,用鞭子抽打着车前的四匹马,趾高气扬,十分得意。车夫回来后,他的妻子要离他而去。车夫问她是什么原因,妻子说:"晏子身高不满六尺,身为齐相,名闻各国。今天,我看他坐在车上,智谋深远,态度谦虚。而你身高八尺,做人家的车夫,可是看你的样子,好像还觉得很满足,因此我要离开你。"从此之后,车夫处处收敛举止,谦卑多了。晏子觉得奇怪,就问他原因,车夫据实相告,晏子便推荐他做了大夫。这个典故说明,早在春秋时期夫妻间便以道德相砥砺,妻子可以要求丈夫谦逊为人,这或许与今天人们认知中的古代夫妻关系很不一样,值得思考和研究。

  自谦被古人视为做人、修身的原则,相关的论述常常从自身现实利益的角度出发,有时还与古人的自然观和哲学观相结合。《尚书》中有一句家喻户晓的话,可谓家庭教育必备名言警句,就是"满招损,谦受益"。这六字后还有"时乃天道"四字,强调这是天下大道,是世间不可违背的规律。释文讲"自满者,人损之,自谦者，人益之，是天之常道"。在《周易》六十四卦中，谦卦被视为最吉利最完美最理想的卦象。梁章钜在《楹联丛话》中引用《通行楹帖》中的话："谦卦六爻皆吉；恕字终身可行。"① 通常六爻根据所处位置、上下形势，或者有利，或者不祥，吉凶的预兆都有不同。就像世间万事万物，都是有利有弊，很少有完全的好与不好。唯独谦卦，卦象是下卦为山，上卦为地，用高山居于平地之下，象征谦虚、退让的德行。

《韩诗外传》云："《易》有一道，大足以守天下，中足以守其国家，小足以守其身，谦之谓也。"② 这就将自谦从对个人利益得失的影响，上升到了治理国家和天下的高度。因此，金景芳、吕绍纲两位先生曾言："古人极重视谦，谦最有益而无害。观六十四卦中别的卦都有悔吝凶咎，唯独谦卦下三爻皆吉，上三爻皆利，而且就全卦看，谦则亨，不必更有别的条件，就可以了解其大概了。"③

自谦的对立面是自满、自傲，古人称之为"盈"。对此，金景芳、吕绍纲两位先生说："孔子讲到天地鬼神和人

---

① 〔清〕梁章钜等撰，白化文、李如鸾点校：《楹联丛话》，中华书局，1987年，第104页。
② 〔汉〕韩婴撰，许维遹校释：《韩诗外传集释》，中华书局，1980年，第117—118页。
③ 金景芳，吕绍纲：《周易全解》，吉林大学出版社，2013年，第115页。

都贵谦而反对谦之反面——盈。人道恶盈而好谦,天道、地道及鬼神与人道一样,也是背盈而向谦。谦好,盈不好。"[1]张廷玉警诫世人:"盛满易为灾,谦冲恒受福。"[2]王阳明云:"人生大病,只是一傲字。"[3]

《管子·宙合》曰:"釜鼓满则人概之,人满则天概之。"[4]黎翔凤注引《月令》注曰:"概,平斗斛者。"[5]概是古代计量粮食时刮平斗斛等量具的工具,形似尺子。这里将概作为动词用,表示刮平的动作、行为,意指低调、自谦、自抑。釜和鼓满了,由人去刮平;人自满了,由天去刮平。天刮平是无形的,最终还是会假手于人来刮平。与其天刮平、人刮平,不如自己刮平自己。这便是古人自谦的逻辑所在。

不但儒家、道家讲自谦,禅宗也讲不自谦难参禅。于己要自谦,于人则要包容,自谦与包容是一体两面的关系。据说,苏轼被贬官之时,得知瓜洲当地有一位有名的佛印禅师,很不服气,便要会一会他。见面交流时苏轼说:我觉得大师徒有其名,并没有像传言中的那么有本事。但是佛印禅师十分淡定,答道:我觉得施主很

---

[1] 金景芳、吕绍纲:《周易全解》,吉林大学出版社,2013年,第120页。
[2] 〔清〕沈德潜编:《清诗别裁集》,中华书局,1975年,第327页。
[3] 〔明〕王守仁撰,王晓昕译注:《传习录》,中华书局,2017年,第435页。
[4] 黎翔凤撰,梁运华整理:《管子校注》,中华书局,2018年,第281页。
[5] 同上。

有学问，老衲自愧不如。回到家后苏轼开心地将此事讲给妹妹，却被妹妹教育了一番。妹妹告诉苏轼：你贬低他人，是因为你的境界低；而佛印在被你贬低的同时却夸赞你，说明他的境界要比你高得多。苏轼听后惭愧不已，于是与佛印禅师成为了莫逆之交。苏轼与佛印禅师经常一起参禅、打坐。有一次打坐的时候，苏轼问佛印禅师：你看看我像什么？佛印说：我看你像尊佛。苏轼听后大笑，对佛印说：你知道我看你坐在那儿像什么？活像一摊牛粪。佛印听后默然不语。苏轼回家就在妹妹面前炫耀这件事。妹妹对苏轼说：你知道参禅的人最讲究的是什么？是见心见性，你心中有眼中就有，佛印说看你像尊佛，那说明他心中有尊佛，你说佛印像牛粪，想想你心里有什么吧！流传至今的苏轼与佛印禅师这对朋友之间的趣事还有很多，这些故事既表现了二人的真挚友谊，又衬托出佛印自谦、包容的境界。

中国古代文人格外重视自谦，在自己的作品中、生活中处处表达自谦。他们作画喜欢画竹子、荷花，表示虚心。文人画山水讲究留白，不能把山画满了，要留下山谷，表达虚怀若谷。留白又称余玉，空无一物之处，却囊括天地宇宙，无言无相之境，内中意韵无穷。留白的运用不仅在绘画中，也在音乐中，"弦凝指咽声停处，别有深情一万重"，淋漓激荡之后的留白便是余音绕梁，此时无声胜有声。书法中的留白讲究疏密有致、虚实相生，以得灵动飘逸之美。插花艺术中也讲究留白，以实隐虚，以虚生境，如果一朵花足够，加一朵就是多余。中国茶道要求，斟茶要斟七分满，不能过满，过满有骄傲自满的意思。

佛家讲"戒定慧"，强调只有遵守一定的戒律，才能带来安定的状态。日本茶道源于中国唐宋时期的寺院茶道，是精神敬修的一种仪式，讲究每一个动作是否到位标准，甚至连进茶室的时候先迈左脚还是先迈右脚，哪种茶具放在草席的哪一行编织纹路上，移动茶具时在空中经过是直线还是曲线，一碗茶要分几口喝完，在什么时候提哪些问题、如何回答，都要按照成规一丝不苟地进行。有统计称，在日本一次茶会大约用时四小时，一位主人和三位客人在此期间共行礼213人次，还要依据场合的不同分为真、行、草三种形式。之所以有如此烦琐的程序，正是要参与者通过茶道过程中微微紧张的状态来收摄心神，排除杂念，控制自我。

自制原则并非某种文化的特质，而是许多文明中的礼仪通则。张汝伦先生谈到："他（埃利亚斯）对文明发展的特征描述，却是可以被视为具有普遍的意义，即文明其实就是一个人更严格全面适度地控制自己的情感与行为的过程。文明的古人虽然没有产生西方意义的'文明'概念，却也早就看到，人必须按照一定的礼仪教化来'更加严格、更加全面而又更加适度地控制感情'，控制自己的本能和行动，才能成为文明社会的合格成员。"①

经历阶级斗争的洗礼和市场经济的大潮之后，人们对古人"自卑而尊人"的礼仪精神已然非常陌生。即便在现代礼仪得到普及的今天，虽然人们大都接受了"礼仪即尊重"的理念，却很难在现实生活中感受到尊重。

一方面是因为有相当一部分人不了解尊重与自谦的范畴，甚至根本不知道二者的区别。例如在说话的时候要用到敬谦语，但常常有人分不清楚敬语和谦语，将其混淆。一位著名主持人在电视访谈节目中，本应称呼嘉宾的父亲为"令尊"，却说成了"家父"，闹了笑话。"令尊"和"家父"并非艰涩难懂的古语，现代生活中仍普遍使用，一"敬"一"谦"可谓礼仪精神的具体体现，实在不该混淆，也不可为了拉近关系而乱用。与此类似，有人向他人介绍自己的儿子说："这是我家公子。"公子明显为尊称，说自家孩子为"公子"，岂不等于自诩为公卿、居高临下对人说话？今天"犬子"之称因自贬之意不太受欢迎，当然可以弃之不用，向他人介绍时直说"我的儿子""我家孩子"便可，但以"公子"自抬身价却不恰当。有人好意邀请朋友到自己家里做客，却说"请您到我府上做客"，令人哭笑不得，别人家即使

---

① 张汝伦著：《我们需要什么样的文明》，商务印书馆，2017年，第370页。

简朴也要尊称"府上",自己家再豪华也应谦称"寒舍"。若不愿谦称"寒舍",可直言"我家",何必自夸"府上"。很多敬谦语已经被时代湮没,进入了故纸堆,但也有一些敬谦语还在被当代人使用,成为现代礼仪中不可或缺的部分。抛去尊卑贵贱的等级观念,在人格平等的今天,恰当地使用这些敬谦语,有利于人们理解尊重与自谦的真谛。

另一方面,在现代礼仪普及的过程中往往只强调尊重而忽视了自谦,以致人们对尊重与自谦之间的关系不甚了解。作为礼仪的根本精神,尊重与自谦二者缺一不可,不仅同等重要,还互为条件。

其一,自谦、自制是尊重的前提条件,不以自谦来表达的尊重不是真正的礼仪。有些人自以为对待他人是尊重的,但不注重自谦、不能做到自制,只会使对方感觉到一种高调、高傲、高高在上的态度。无论是不懂得还是不愿意,这样做的人越多,则自己被他人这样对待的可能性也越大。相反,只有越来越多的人做到自谦、自制,每一个人感受到被尊重的可能性才会更大。金景芳、吕绍纲两位先生曾言:"'谦以制礼',君子运用谦卦之谦逊以制礼,谦逊是行礼的前提,自尊自大的人行不能由礼,谦逊的人才能用礼节制自己。"[1] "不给

---

[1] 金景芳、吕绍纲:《周易全解》,吉林大学出版社,2013年,第453页。

别人添麻烦"是日本的第一行为准则,这句话出现在小学生《社会生活教育》第一章第一节,意在首先就要培养孩子的自谦、自制能力。"不给别人添麻烦"正是对别人的尊重,令别人不快、担心、操心,都属于"给别人添麻烦"的范畴。在日本人的日常生活中,人们最常说的一句话就是"抱歉,给您添麻烦了";他们在地铁里看报纸会将报纸折成小方块阅读,以免妨碍到他人;在公共场合极少听到手机铃音,而接打电话都轻声细语或者捂着嘴,以免影响到周围的人;无论城市还是乡村都街道干净,极少有污迹、垃圾,甚至连垃圾桶都难得见到,因为人们尽量将自己在途中或户外制造的垃圾带回家中分类处理;使用一次性筷子时要拿到膝盖上方,朝着上下纵向掰开,而不是左右横向掰开,以免干扰到旁边的人。小笠原流礼法宗家小笠原敬承斋曾讲:"抑制自己,常怀为他人着想之心。"她举例餐桌礼仪并不是为了展示自己美妙的身姿,而是在用餐的场所避免给他人造成不快。[①]

其二,尊重也是自谦、自制的前提条件,只有当内心充满真诚的敬意时,才会表现出行为上的谦虚、自制。孔子曰:"唯仁者能好人,能恶人。"《大学》云:"唯仁人为能爱人,能恶人。"说明具有仁爱品质的人能够

---

① 苏静主编:《知日·向日本人学礼仪》,中信出版社,2016年,第62页。

明辨是非，尊重值得尊重的人，厌恶品质低下、令人厌恶的人。今天，在现代礼仪普及和教学中存在着一种偏差，一些培训师乐于宣扬"尊重上司是一种天职，尊重同事是一种本分，尊重下级是一种美德"这句口号，以显示礼仪无处不在、无所不能，不但学员听起来颇有至理箴言的味道，主办单位的领导更是对其中隐含的"尊尊贤贤""君君臣臣"观念十分受用。金景芳先生曾经说："在周人的词汇里，尊贤、尊尊、尊贵三词的意义差不多，究其实质，都是用来说明政治关系，即阶级关系的。在周人的眼里，凡是居于高位的，都是尊，都是贵，也就是贤，应该被别人（低于他们级别的）尊之，贵之"[1]，"亲亲和尊尊的实质都是等级制度。可以说，离开等级制度就没有周礼。这表明了周礼的本质"[2]。"尊尊"是忠，维护君权，"亲亲"的孝，维护父权，这种政治与伦理相统一的理论确立了尊卑贵贱的等级秩序和制度。但是在讲求人人平等的今天，人们则更乐于将"尊尊"解读为尊重值得尊重的人，并引用孔、孟的话来佐证："其身正，不令而行；其身不正，虽令不从"[3]，说明尊重上级绝非天职，只有正直的上级才值得尊重，否则下级

---

[1] 金景芳：《中国奴隶社会史》，上海人民出版社，1983年，第152页。
[2] 同上。
[3] 杨伯峻译注：《论语译注》，中华书局，2007年，第187页。

无法奉命行事;"君使臣以礼,臣事君以忠"①,证明上下级关系是对等的,上级对下级以礼相待,下级才能对上级忠于职守;"君视臣如土芥,臣视君如寇雠"②,更是强调上下级关系是有条件的,如果上级蔑视下级,不尊重下级的人格,那么下级也可以将上级置于敌对位置。

若在当今社会仍抱着奴性思想,假礼仪之名去推行背离礼仪根本精神的行为准则,那真是最大的悲哀,但这样的人和事并不少见,甚至可能普遍存在。今人重视礼仪的实用价值,这本身是无可厚非的,但如果将礼仪变成虚伪的表演,礼仪也就失去了价值所在。说到底,这是人们把功利性强加给礼仪,以功利心去利用礼仪而导致的。

其一,将礼仪的运用目的化。有时候个人的目的和动机成为是否运用礼仪、运用到什么程度方面的考量,面对关系到自身利益的人和事,就充分运用礼仪,展示良好的个人形象,无论交往对象是否值得尊重、无论自己是否发自内心,都时时处处表现出虚假的敬意;面对与己无关的人和事,则将礼仪置于九霄云外,哪怕交往对象品德高尚也视而不见、敷衍了事。因此,有人指出,教师和医生看起来是受人尊敬的职业,但当家里没有学生和病人、不需要与教师和医生接触的时候,这种尊重

---

① 杨伯峻译注:《论语译注》,中华书局,2007年,第40页。
② 方勇译注:《孟子》,中华书局,2009年,第151页。

仿佛就不存在了。在这里，礼仪无关个人修养，而只是达到目的的工具，只在涉及个人利益的时候才被运用。

其二，将礼仪的运用技术化。今人对礼仪给予重视，通常强调礼仪在三个层面的作用，即塑造形象、促进发展、加强交流。礼仪当然有这些作用，但如果只强调这些作用，而忽视礼仪在提升道德、修养、审美等精神境界方面的作用，那么礼仪就可能成为一种工具或技术。这种认识中潜在的另一面是，如果礼仪没有塑造形象、促进发展、加强交流的作用，便可以不重视、不学习、不遵守。在这种认识下，礼仪脱离了其精神实质，不是为人之道、处世之道，而是胜人之术、驭世之术。相应地，在一些礼仪教学中，从仪表、服饰、体态、语言到接待、会议、宴请、收赠礼物，都被作为一种技术来讲授、学习，导致学生只知其然不知所以然。礼仪的这种技术化现象并非无缘由的，而是由目的化所决定的。有时礼仪甚至被视为"见什么人说什么话""见人说人话，见鬼说鬼话"的话术，以及做人做事的技巧、安身立命的法门、平步青云的"官道"、治人控场的手腕，腐蚀着、摧毁着今人的人生观和价值观。

其三，将礼仪的运用庸俗化。随着传统文化热的兴起，社会上一些组织打着弘扬传统文化的旗号，却经营着另外的东西，利用大众对传统礼仪既热爱又陌生的状况，把传统礼仪中的糟粕拿出来奉若圭臬，甚至推行根本不是传统礼仪的"假礼仪"。例如近来在多地兴起了的旗袍礼仪,组织方所传授的扭捏作态甚至十分可笑的体态竟然吸引了众多参与者,这正是利用了大众对于传统礼仪的认识误区。2018年福建省公布的首批14个涉嫌非法社会组织中仅各种旗袍协会就有7个,占了一半[①]。同样大行其道的还有某些中小学校组织学生和家长在操场、公园等场所大张旗鼓地上演"洗脚秀",学生在众目睽睽、光天化日之下给家长洗脚。对此现象,著名家庭教育专家赵忠心先生曾撰文指出,如果父母年迈多病或年轻父母重病缠身,手脚行动不便,做儿女的给洗脚是理所应当的平常事,但中小学生的父母大多正值年富力强、风华正茂的年纪,学校要求孩子给年轻健康的家长洗脚实在令人费解。有些教师还要求学生撰写"洗脚心得",一个小学生在课堂上声泪俱下地宣读自己的文章,说洗脚时摸到妈妈脚上"厚厚的老茧"才知道她的辛苦。赵忠心先生在国家图书馆举办的讲座上谈到这一细节时一针见血地说,这位家长是城市里的白领,坐在写字楼的办公室里工作,即使长了老茧也不是因为下田种地辛苦,而是穿高跟鞋磨的!这哪里是进行孝道教育,明明是在做假,是在教孩子说假话。"孝心"应该是发

---

① 参见《福建省民政厅关于公布我省第一批涉嫌非法社会组织名单的通告》,福建省民政厅网站,2019年7月4日,http://mzt.fujian.gov.cn/xxgk/jggk/cszz/mgj/cxjggg/201807/t20180704_3399496.html.

自内心的，不是被迫的；"孝行"是自觉自愿的，不是做给别人看的。用统一布置的整齐划一的"集体洗脚"的方式进行孝道教育，表明对"孝心"理解的肤浅，道德教育没有抓到点子上，是典型的"作秀"，甚至有庸俗的味道，追求"轰动效应"①。除这些现象外，还有频遭诟病却又屡禁不止的"女德班"，"老师"大肆宣扬男尊女卑的思想，要求女性打不还手、骂不还口，逆来顺受，坚决不离婚。在不涉及体罚、非法拘禁或非法限制人身自由等违法行为的情况下，"女德班"难以用法律手段禁止，但却给参与其中的女性套上精神枷锁，试图在精神上将女人变成女奴。在相当长的历史时期内，礼仪的精神被利用在维护尊卑等级秩序上，而在当代社会里仍然存在这种余毒，并且有人自愿参加"学习"，"改造"自我，令人不得不反思今天的社会文明状况。

礼仪的根本精神是尊重与自谦，二者同时并存、缺一不可。关键在于，无论是尊重还是自谦，都应是真诚发自内心的。礼仪可以起到促进人际交往的作用，但礼仪不是工具，而是人的内在修养。倘若功利性地将礼仪作为工具使用，那么尊重与自谦都是虚伪的、表演式的，也就没有了真正的礼仪，不可能真正促进人与人之间的

---

① 参见赵忠心先生2017年3月17日微博文章《洗的是哪门子的脚？——谈学生的孝道教育》及2014年9月14日在国家图书馆的讲座《破除迷信，端正心态，实施科学的家庭教育》。

交往交流。

  在竞争激烈、节奏加快的当代社会，人们普遍将注意力集中在个人利益上，所作所为、所思所想以利益为驱动，造成了物欲横流、泥沙俱下、人心浮躁、人情冷漠的社会氛围，社会矛盾日渐突出，人性道德衰微。在这种情况下，礼仪被越来越多地视为生存竞争的工具、创造效益的工具以及攀权附势的工具。礼仪的运用被许多人理解为：在人前要讲，背后不用讲；工作时要讲，回家不用讲；对有利益关系的人要讲，对没有利益关系的人不用讲……"在一个人与人之间互不关心、毫无礼貌的世界中，疲于奔命的人一有需求就马上满足，似乎是通过自我娇惯来酬劳自己。"[1] 人们急着满足欲求，不再重视自我控制，自我控制只是不得已而为之。张汝伦先生指出："文明为何会没落？因为人失去了对自己的控制。如果我们同意埃利亚斯的理论的话，那么文明产生于人的自我控制，没有自我控制就没有文明。"[2]

---

[1] ［美］巴尔赞著，林华译：《从黎明到衰落：西方文化生活五百年，1500年至今》，中信出版社，2013年，第848页。
[2] 张汝伦著：《我们需要什么样的文明》，商务印书馆，2017年，第373页。

"礼"与"仁"：中国传统文化的核心究竟是什么？

今天，很多礼仪教师、培训师乐于在课程中引用钱穆先生的话"中国的核心思想就是'礼'"，仿佛一搬出这句话，自己课程的重要性和权威性便有了大师加持。学生听到这句话，也不免产生联想：我泱泱中国，思想文化博大精深，只有一个核心，原来是礼仪啊！或许，一时间礼仪在他们心目中的地位无比高大起来，形象也立刻光辉起来。但问题在于，一些人并没有全面理解钱穆先生的论述，也并不了解古代之"礼"与今天之"礼仪"的差别。

"礼"的含义

现代礼仪通常重在对个体形象和行为做出规范，以此展现个人修养。而我国古代的"礼"则有多重含义。

一是作为国家体制治国安邦的"礼"。《论语》中有大量关于此方面的论述。《子路》："名不正，则言不顺；言不顺，则事不成；事不成，则礼乐不兴；礼乐不兴，则刑罚不中；刑罚不中，则民无所措手足。"可见，"礼乐"与"刑罚"是相对应的一对概念，"礼乐"以教化为手段，而"刑罚"以强制为措施，治国安民是它们共同的目标。《里仁》:"不能以礼让为国,如礼何?"《先进》:"为国以礼。"明确将"礼"作为治理国家的方法。《为政》:"道之以政,齐之以刑,民免而无耻。道之以德,齐之以礼,有耻且格。"不但将"礼"作为治国方法之一,并且强调礼教优于刑罚之处在于既可以使人懂廉耻又可以归顺人心。《孝经·广要道》"安上治民,莫善于礼",则将"礼"进一步定位为各级官吏治国理政、应对"上下"的最佳方法。

《八佾》云:"居上不宽,为礼不敬,临丧不哀,吾何以观之哉?"强调居于上位的领导者,为政宜宽,执事宜敬,临丧宜哀,这就是礼制在治政中的具体运用。孔子所言的"宽",不仅指宽仁的政策,还是对领导者的眼界和胸襟提出的建议。眼界、心胸狭隘的领导者很难吸引人才,难有大的作为。东汉末年袁绍与曹操二人为政的不同特点对此做出了鲜活的诠释。袁绍为人聪明,但他器量小、好猜忌,很少听取别人的意见。在官渡之战前,田丰多次劝谏袁绍不要攻击曹操,袁绍不听导致失败。之后他不但不能自我反省,反而为了自己的颜面杀死了田丰。曹操则与之相反,他爱惜人才,是"唯才是举"的首倡者。官渡之战后,他宽恕了与袁绍暗通的官员,从而获得了广大士人和军民的拥戴。他宽恕了写檄文大骂自己的"建安七子"之一陈琳,与其尽释前嫌,任命他为司空军师祭酒。曹操"居上以宽",人才归之若水。可见,作为政略的"礼"在治国安邦方面有时比单一的政治或军事力量作用更大。

二是作为行为准则规范社会秩序的"礼"。孔子说:"礼也者,理也。"张鸣教授认为:"一个人或者一个群体是否文明,关键要看他们是否讲道理。"[1] 君子不做无理之事,懂道理的人越多,越有利于社会秩序的维护和社会文明的发展。"礼"正因为与"理"相通,才具有维护社会秩序的功能。与近代欧洲一样,中国古代作为行为准则的"礼"最初只适用于上层人士,正所谓"礼不下庶人",而孔子、孟子则希望将它扩展到全社会[2]。

作为行为准则的"礼",被古人赋予一项格外重要的含义,就是"孝"。在社会最基本的单位即家庭中,尽孝道是社会秩序对人最基本的要求。《论语》记载了孔子关于孝道的诸多论述。在《为政》中,孔子曰:"生,事之以礼;死,葬之以礼,祭之以礼。"无论生前身后,都要对父母以"礼"相待。又曰:"今之孝者,是谓能养。至于犬马,皆能有养;不敬,何以别乎?"仅仅供养父母,不是真正的孝道,只有发自内心尊敬父母才是人之所以为人的标准。"敬",正是礼仪的根本要义之一。孔子

---

[1] 张鸣:《文明和不文明的区别在哪里?》,张鸣微信公众号,2018年5月27日。

[2] 张汝伦:《我们需要什么样的文明》,商务印书馆,2017年,第371页。

推崇孝道，但也教导曾子不可愚孝。"礼""敬""孝"，皆应有度。曾子听从孔子的教诲，自省其身，孝节有度，主张"慎终""追远"。

三是作为个人修养追求人生意义的礼。《论语·学而》中，子贡请教孔子"贫而无谄，富而无骄"之人如何，孔子回答"可也，未若贫而乐、富而好礼者也"，将"礼"作为个人修养的更高标准。《论语·泰伯》中，子曰："兴于《诗》，立于礼，成于乐。"阐发了《诗》、礼、乐的重要意义：《诗》引发人的心性情志，"礼"使人安身立命、提升修养，"乐"可以陶冶情操，是丰富生命的途径。《诗》、"礼""乐"共同建构了理想生活的景象。孔子将培养"君子"作为自己从事教育事业的目标，并对"君子"做了大量论述，其中"礼"便是"君子"的重要标准之一。当子路向孔子请教怎样才能成为一名合格的"君子"时，孔子所给出的首要答案便是"修己以敬"。孔子的"克己复礼"中也蕴含着通过修身实现人性修炼之意。孙国栋先生在阐释"克己复礼"时指出，"克己"兼有修身和"约己"两重含义，而"礼的内涵，到了春秋时已由外面行为的约束，进而深入到内心感情的陶冶和人性的修养"[1]。当孔子与学生们谈及人生志向时，子路、冉有希望去治理国家，公西华想做

---

[1] 孙国栋：《敬答何炳棣教授》，《二十一世纪》，1993年，第17期，第138-140页。

一名礼仪官,而曾晳则说出那番流传后世的经典话语:"莫春者,春服既成,冠者五六人,童子六七人,浴乎沂,风乎舞雩,咏而归。"①孔子悠然神往,喟然叹曰:"吾与点也。"人们常论述儒家的入世哲学,孔子也确实主张"学而优则仕",但在这里他倾向于曾晳的志向,选择了另一种精神境界和人生价值。

礼者何也?即事之治也。君子有其事必有其治。治国而无礼,譬犹瞽之无相与!伥伥乎其何之?譬如终夜有求于幽室之中,非烛何见?若无礼,则手足无所错,耳目无所加,进退揖让无所制。是故以之居处,长幼失其别,闺门、三族失其和,朝廷官爵失其序,田猎戎事失其策,军旅武功失其制,宫室失其度,量鼎失其象,味失其时,乐失其节。车失其式,鬼神失其飨,丧纪失其哀,辨说失其党,官失其体,政事失其施,加于身而错于前,凡众之动失其宜。如此,则无以祖洽于众也。(《礼记·仲尼燕居》)

孔子明确指出,"礼"就是对事物的治理。"君子"面对什么样的事务,必有相应的治理手段。可见,古人之"礼"重在治理,治理国家、朝廷以实现统治,治理社会、

---

① 杨伯峻译注:《论语译注》,中华书局,2007年,第167页。

家庭以规范秩序，同时也治理自我以提升修养。因此，"礼"被上升到制度的层面，称为礼制。以礼制作为尺度，使国家行为、社会行为、个人行为都适度，这是孔子的理想，也是钱穆先生以"礼"为中国核心思想的原因所在。

"仁"的含义

在《论语》中孔子从未谈及"仁"的概念，而是针对学生们关于"如何仁"的问题给出不同的答案。颜渊问"仁"，子曰："克己复礼为仁。"仲弓问"仁"，子曰："出门如见大宾，使民如承大祭。己所不欲，勿施于人。在邦无怨，在家无怨。"司马牛问"仁"，子曰："仁者，其言也讱。"子张问"仁"，子曰："能行五者（恭、宽、信、敏、惠）于天下，为仁矣。"樊迟先后三度问"仁"，得到的答案也不尽相同，分别是"爱人""居处恭执事敬与人忠""先难而后获，可谓仁矣"。孔子善于根据学生所处的境况、所具有的知识结构来作答，阐释现实问题，这与古希腊哲学家探究事物本质的做法形成鲜明对比。梁启超说："儒家言道言政，皆植本于仁"[1]，儒家思想主要从以下方面来认识"仁"。

其一，"仁"是人之为人的本质和特征。《礼记·表记》《中庸》及《孟子正义》等文献均有"仁者，人也"

---

[1] 梁启超：《先秦政治思想史》，中华书局，1936年，第67页。

的表述，即"仁"是人之所以为人的根本。对"仁"的追求使人不满足于生存、安全等基本需求，而要不断寻求人性的终极答案。梁涛先生指出：据学者研究，仁字出现较晚，甲骨、西周金文中还没有发现仁字，仁字也"不见于虞夏商《书》及《诗》三颂、《易》卦爻辞之内，似周初有此言而尚无此字"①。梁先生还指出："仁字出现于何时虽不清楚，但似与人类发展一定阶段的自我反省和认识有关。"②

其二，"仁"以血缘亲情为本。有子曰："君子务本，本立而道生。孝弟也者，其为仁之本与！"孟子曰："亲亲，仁也；敬长，义也。"可见，儒家主张"仁"本于血缘亲情，这样的偏爱之"仁"，与以血缘关系和宗族制度为基础的社会相适应。《说文解字》云："亲也。从人从二。……仁者兼爱，故从二如邻。"根据庞朴先生的考证，早期的"仁"为尸方人特有的美德，这与许慎在《说文解字》中"古文仁或从尸"的释义一致。其中的地域性、族群性特征，也与儒家认为"仁"本于血缘亲情的观点一致。

其三，"仁"发自内心。"仁，人心也"，"君子所以异于人者，以其存心也。君子以仁存心，以礼存心"，

---

① 梁涛：《郭店竹简与思孟学派》，中国人民大学出版社，第61页。
② 梁涛：《郭店竹简"身心"字与孔子仁学》，载《哲学研究》，2005年第5期，第46—52页。

而"巧言令色，鲜矣仁"。"君子"的"仁"和"礼"由心而发，擅长花言巧语、表面文章的人少有真正的"仁"。《说文解字》将"从千心"的古"仁"字作为"仁"的另一个释义。事实上"从千从心"的"仁"字是由"从身从心"的"仁"字简化而来的。可见，此时的"仁"不仅是一种行为，更是一种心态，反映出"心中思人（广义的、抽象的人），将他人放在心上"[①]的理念。在郭店楚简中，可以看到70多个上身下心的"仁"字。"这些'仁'字，不论是出现在道家思想的文献中，还是出现在儒家思想的文献中，也不论其上下文义怎样，或出自哪位抄手之手，全都无一例外，皆从心从身。……它是当时子思学派将孔子的人道理论建基于人情、人心和人性，从而使儒家学说迈入新阶段的集中表现。"[②]但是在后世的观念中"仁"被认定为一种行为，而将隐含在"仁"字之中的心态掩藏了起来。

其四，"仁"是互动的。杨伯峻先生注释《学而》时说："'仁'是孔子的一种最高道德的名称。也有人说（宋人陈善的《扪虱新语》开始如此说，后人赞同者很多），这'仁'字就是'人'字。"[③]郑玄注《中庸》

---

① 梁涛：《郭店竹简与思孟学派》，中国人民大学出版社，2008年，第66页。
② 庞朴：《"仁"字臆测》，载《寻根》，2001年第1期，第4-8页。
③ 杨伯峻译注：《论语译注》，中华书局，2007年，第4页。

"仁者人也"："人也，读如相人偶之人，以人意相存问之言。"许慎在《说文解字》释义："仁，亲也，从人从二。"段玉裁《说文解字注》亦云："人耦犹言尔我亲密之词，独则无耦，耦则相亲，故其字从人二。"①这种释义已经被郭店楚简"从身从心"的"仁"所否定，但是历代学者大都接受"从人从二"的观点，特别是"宋儒讲得更清楚一些，也更绝对一些。他们强调，仁爱只有在人与人的关系中才能得到彰显"②。谭嗣同在《仁学》开篇便说："'仁'从二从人，相偶之义也。"③从今天来看，"从人从二"的说法虽然不符合词源学的研究，但在客观上有利于"仁"由血缘关系内部扩展到更广阔的范畴，更贴合孟子"爱人者，人恒爱之；敬人者，人恒敬之"的互爱互敬思想。

其五，"仁"也要求爱己。"己欲立而立人，己欲达而达人。"这里面的"己欲立""己欲达"都是从自身出发，说明"仁者"应该是追求不断完善自己的人，是对自己有所要求的人。在《荀子·子道》中，孔子问学生，什么是"仁"？子路答"仁者使人爱己"，孔子说他是士。子贡答"仁者爱人"，孔子说他是士君子。颜渊答"仁者自爱"，孔子说他是明君子。孔子也自言"仁

---

① 〔清〕段玉裁：《说文解字注》，中华书局，2013年，第369页。
② 庞朴：《中国文化十一讲》，中华书局，2008年，第101页。
③ 〔清〕谭嗣同：《仁学》，中华书局，1958年，第2页。

者爱人",但他认为"仁者自爱"更高一筹。爱己与爱人是一致的,这就是"己欲立而立人,己欲达而达人"的逻辑。

其六,"仁"是差等的。古"仁"字的写法自"从尸从二"演变为"从身从心",反映出"仁"逐步突破了血缘和宗族的界限,从地域的、民族性的美德转变成普遍性、人类性的美德,这是孔子及其后学的重要贡献[1]。例如孔子所说"天下归仁"中的"仁"显然不限于"亲亲为仁",而是指人心淳朴、世道清明。但虽为普遍性、人类性的美德,儒家之仁爱还同时强调层次差等,"亲亲而仁民,仁民而爱物","亲亲""仁民""爱物"为渐次递进的三个层次、三种境界,特点在于推己及人,即"己欲立而立人,己欲达而达人""己所不欲,勿施于人"。

仁爱、兼爱与博爱

儒家的仁爱、墨家的兼爱与基督教的博爱是否有高下之分,这是时有争论的话题,对于三者的考察应该从以下几个角度把握。

其一,中国古代文献中不乏博爱一词,例如,《孝经·三才》中的"先王见教之可以化民也,是故先之以博爱,

---

[1] 庞朴:《中国文化十一讲》,中华书局,2008年,第104-106页。

而民莫遗其亲",《春秋繁露·为人者天》中的"先之以博爱,教以仁也",《中论·智行》中的"夫君子仁以博爱,义以除恶,信以立情,礼以自节",《后汉纪·光武帝纪论》中的"博爱之谓仁,辨惑之谓智,犯难之谓勇",曹植诗中的"长者能博爱,天下寄其身",韩愈文中的"博爱之谓仁",但这些博爱大多只是儒家差等仁爱的另一种表达,不可与基督教的博爱混同。

其二,爱人思想确为儒家、佛教、基督教、伊斯兰教等文化的共通之处,但儒家的仁爱、佛教的慈悲、基督教的博爱、伊斯兰教的至仁至慈并非完全等同。儒家仁爱从自身出发,后三者则从神出发,将道德的根源归于神。谭嗣同、康有为等人认为儒家的"仁"就是博爱,甚至把舶来的"自由、平等、博爱"纳入《论语》,"使二人最终陷入与救亡图存背道而驰的世界主义和大同主义"①。

其三,墨子的兼爱思想,其中包含的无私利、无偏好、"爱无差等"、"远施周遍"是不设前提条件的、出于义务的爱。虽然朱熹认为墨子的"爱无等差"不可行,但同时也承认其动机是好的。仁爱与兼爱争的不是道德问题,爱本身是同样的,不同之处在于权利。"老吾老

---

① 魏义霞:《崇国学以救亡启蒙 康有为与谭嗣同为何观点不一?》,凤凰网,2016年01月11日,https://guoxue.ifeng.com/a/20160111/47021081_0.shtml。

以及人之老，幼吾幼以及人之幼。"将别人家的老人、孩子视同自己的，这是一种个人选择。从今天的法律来看，父母只对自己的孩子有监护权，而对别人的孩子没有监护权；子女只对自己的父母有赡养义务，而对别人的父母没有赡养义务。子女不履行赡养义务时，无劳动能力或生活困难的父母可要求子女付给赡养费，却不能要求别人的子女赡养自己。可见，今天兼爱仍不是主流思想。

事实上，无论仁爱、兼爱还是博爱，它们的爱都不仅限于对人，而是对万物的态度。孟子云："君子之于物也，爱之而弗仁；于民也，仁之而弗亲。"这说明仁爱虽有差等，但爱本身是普遍的。

自见孔子，出入于户，未尝越礼。往来过之，足不履影。启蛰不杀，方长不折。执亲之丧，未尝见齿。是高柴之行也。孔子曰："柴于亲丧，则难能也；启蛰不杀，则顺人道；方长不折，则恕仁也。成汤恭而以恕，是以日跻。"（《孔子家语·弟子行》）

孔子弟子高柴有启蛰不杀之仁爱，丰子恺先生则在自己的护生画《启蛰不杀》中描画了曹武惠王（曹彬）悲悯万物的故事。弘一法师题写："曹武惠王性不喜杀。所居室坏，子孙请修葺。公曰：'时方大冬，墙壁瓦石之间，皆百虫所蛰，不可伤其生。'存心爱物如此。"① 曹彬是北宋初年一位战功彪炳的大将，为官清廉谦恭，带领北宋军队与南唐作战，曾歼灭南唐及后蜀，亦曾出使吴越，累官至枢密使，死后追赠济阳郡王，谥"武惠"。他治军严谨，并以不滥杀著称，曾言："吾为将，杀人多矣，然未尝以私喜怒辄戮一人。"有一年，家人想要修葺房舍，曹武惠王考虑到当时正值冬季，墙壁瓦石之间必定有许多虫蚁等蛰伏，翻修房舍将会伤害它们的性命。于是叮嘱等到来年春雷响动的惊蛰气节，"万物蠢出，蛰虫震动""蛰虫惊而出走"之后再动工整修房舍。

今人与其争论仁爱、兼爱、博爱的优劣高下，不如着力于考察它们的异同，既要研究它们之间的共通性，也要分析"亲亲之杀，尊贤之等，礼所生也"的差等思想与"爱人如己"的平等思想之异，这才更加有利于文化的传承与发展。

中国传统文化的核心

事实上，钱穆先生不但讲"中国的核心思想就是'礼'"，还曾讲："内心之情感，外部之礼文，在孔子实认其为一事，而无所轩轾。故孔子之言礼，犹其言

---

① 丰子恺画，弘一法师等书：《护生画集》，上海译文出版社，2012年，第98页。

仁也。"①钱穆先生强调在孔子那里"礼"与"仁"是统一的，这可以从文献中得到印证。《礼记·曲礼上》说"道德仁义，非礼不成"，《礼器》又说"君子欲观仁义之道，礼其本也"，王夫之则说"礼者仁之实也"。这些承袭孔子而来的"仁""礼"思想说明，二者孰为核心并无实质区别。由此可见，钱穆先生立足于"仁"与"礼"统一的观点所讲的"中国的核心思想就是'礼'"，应该理解为"礼"为核心与"仁"为核心的一致性，而并非将"仁"排斥在外。

视听言动都合于"礼"，也就体现了"仁"，可见"仁"和"礼"实为一体、互为因果。"仁"着重于"克己复礼"，一切符合"礼"的行为都是"仁"的体现，而人的行为是否符合"礼"，要看他对"仁"的态度。钱逊先生直言，"颜渊问仁"是孔子关于"仁"与"礼"关系的具体说明，"克己复礼为仁"是以"礼"说"仁"，"仁"与不"仁"，要看视听言动是否符合"礼"的要求；"人而不仁，如礼何？"是以"仁"说"礼"，"仁"是"礼"的灵魂，失去"仁"的"礼"就会徒有形式、失去意义；"仁"与"礼"是统一的，实在是很难说仁与礼何者是核心②。

---

① 钱穆：《四书释义》，台北：学生书局，1990年，第102页。
② 钱逊：《孔子仁礼关系新释》，载《孔子研究》，1990年，第4期，第29-31页。

从儒家五常"仁义礼智信"的排序看,"仁"在礼前。孔子又是如何看待这一问题的呢?我们可以从《论语》中有所获知。在与子夏的讨论中,子夏一句"礼后乎"的提问,得到了孔子的高度认同,认为"礼在仁后"正如"绘事后素"一样,并给予子夏"起予者商也"的认可与称赞。首先,大"礼"在"仁"后。当颜渊问仁时,孔子答"克己复礼为仁。一日克己复礼,天下归仁焉",明显将"礼"作为实现"仁"的方法和途径。孔子还说:"人而不仁,如礼何?人而不仁,如乐何?"说明他认为,如果为人不"仁",那么"礼""乐"便没有意义,因为"礼""乐"是为"仁"服务的。其次,小"礼"也在"仁"后。《论语·宪问》中,管仲帮助齐桓公成就霸业,"九合诸侯","一匡天下","民受其赐",孔子以"如其仁,如其仁"认可管仲达到了"仁"的标准。但《论语·八佾》中,孔子又因为管仲像国君一样兴建照壁、拥有外交国宴上放置酒杯这样的越级行为,说"管氏而知礼,孰不知礼"。因此,李泽厚先生评论:"孔子批评管仲不懂'礼',却称许管仲'仁'。肯定大于否定,不仅可见'仁'高于'礼',而且造福于民的功业大德高于某些行为细节和个人小德。"[1]

"仁"的标准是什么?《论语·里仁》云:"唯

---

[1] 李泽厚:《论语今读》,生活·读书·新知三联书店,2008年,第112页。

仁者能好人，能恶人。""游氏曰：'好善而恶恶，天下之同情，然人每失其正者，心有所系而不能自克也。惟仁者无私心，所以能好恶也。'"朱熹注："知所爱恶矣，而未能尽爱恶之道，盖君子而未仁者也。"[①]也就是说，只有没有私心的"仁者"才能做到爱恨分明，如果善恶不分、爱恨不明，就没有达到"仁"的标准。

孔子认为，要达到"仁"的标准、成为"仁者"，需要作为道德主体的人发挥主观能动性去追求。《论语·述而》中，子曰："仁远乎哉？我欲仁，斯仁至矣！""仁"并不遥远，只要主体自觉追求"仁"，就能够做到。但是这种追求并不容易，即使是作为孔门七十二贤之首的颜回，在孔子眼中也只是做到"其心三月不违仁，其余则日月至焉而已矣"。孔子甚至不认为自己做到了"仁"，因此说"若圣与仁，则吾岂敢？""仁以为己任，不亦重乎？死而后已，不亦远乎？"可见对"仁"的追求可称得上"知其不可为而为之"，有时甚至要为此付出生命。因此，孔子曰："志士仁人，无求生以害仁，有杀身以成仁。"

冉有曰："夫子为卫君乎？"子贡曰："诺；吾将问之。"入，曰："伯夷、叔齐何人也？"曰："古之贤人也。"

---

① 〔宋〕朱熹撰：《四书章句集注》，中华书局，2016年，第12页。

曰："怨乎？"曰："求仁而得仁，又何怨？"出，曰："夫子不为也。"（《论语·述而》）

伯夷、叔齐求仁得仁的典故在《论语》中有特别的意义。伯夷、叔齐为商代贵族孤竹君之子，孤竹君临死意欲将君位传于三子叔齐，待孤竹君去世后，叔齐执意认为家业应由兄长伯夷继承。而伯夷认为弟弟叔齐贤于自己，坚决不肯接受。为了避免叔齐为难，伯夷远走他乡，叔齐则寻他而去。叔齐终于找到兄长，二人便决定不再回归故里，于是来到周，过上了寻常百姓的生活。当武王兴师伐纣时，二人拦着周武王的马头、扣住他的马缰绳说："父死不葬，爰及干戈，可谓孝乎？以臣弑君，可谓仁乎？"武王手下欲动武，被姜太公制止，说："此义人也。"后武王克商后，天下宗周，而伯夷、叔齐不食周粟，隐居于首阳山，采集野菜而食之，及饿将死，作歌。其辞曰："登彼西山兮，采其薇矣。以暴易暴兮，不知其非矣。神农、虞、夏忽焉没兮，我安适归矣？于嗟徂兮，命之衰矣！"最终饿死于首阳山。

与此形成鲜明对比的是聩辄争国事件。卫灵公夫人南子与宋国公子朝私通。卫灵公不加阻止，反而纵容南子，召公子朝与其在洮地相会。太子蒯聩知道南子私通之事后，非常愤怒，便和家臣戏阳速商量刺杀南子。结果戏阳速没有行动，并被南子所察觉，蒯聩于是逃亡宋国,卫灵公将蒯聩党羽全部赶走。卫灵公死后,其孙辄继位,辄的父亲蒯聩想要回国争位,被辄拒绝。当孔门学生好奇孔子对辄的态度,便旁敲侧击以伯夷、叔齐的事情来提问,得到了孔子的回答:"他们求仁德,便得到了仁德,又怨悔什么呢?"一方面学生知道了孔子不赞成辄,另一方面也说明孔子认为,为"仁"而献出生命是无悔的。

"仁"与"礼"的关系曾经引发了诸多学者的争论,至今学界仍有不同观点。但根据以上叙述,无论是"仁""礼"统一,还是"仁"先"礼"后,结合儒家思想在中国传统文化中的主流地位,说"仁"是中国传统文化的核心,都是恰如其分的。

在儒家思想里,"礼"作为体制、秩序、修养,于国家、社会和个人都有重要的意义。而"仁"则是根植于人内心的情感,虽是差等之爱但也是普遍的爱。李泽厚先生对"礼"与"仁"的关系进行了分疏、解构:"作为外在社会政治体制的'礼',只能规范、管辖人们的行为,它所要求的是一种公共奉行的社会性的道德,如正义;在现代便以所谓奉公守法为基本底线和标志。作为内在心性修养和人性境界的'仁',涉及的是人性情感的培育塑造,它是一种个体追求的宗教性的道德。"[1]他认为,

---

[1] 李泽厚:《论语今读》,生活·读书·新知三联书店,2008年,第344—345页。

内心情感是外在体制的基础,"礼乃人文,仁乃人性,二者实同时并进的历史成果,人性内容(仁)与人文仪式(礼)在源起上不可分割"[①]。这样的阐释将"礼"与"仁"从相互联接、相互混同的状态中抽离出来,显然更具当代价值。从这个角度出发,说中国传统文化以"仁"为核心更易于传播,也更易于被世界上不同文化广泛接受,因为体制的藩篱难以冲破,而人类的道德、心理、情感可以让整个世界联通。

---

① 李泽厚:《论语今读》,生活·读书·新知三联书店,2008年,第95页。

"礼"与"仪"：人为什么需要仪式感？

今天的人们常常讲"仪式感"，从前没有这个词，现在成了流行语。在很多人看来，不但婚礼、生日、节日、庆典等盛大隆重的场合需要仪式感，而且喝个茶、吃顿饭、读本书、看展览、度假旅行、收到或赠送礼物等日常生活细节也被赋予了仪式感；不但参加人数众多的活动具有仪式感，而且三五朋友小聚甚至一人独处也可以有仪式感。仪式感已成为无处不在的一种潮流。

仪式与仪式感

究竟什么是仪式感，还要从仪式说起。古人有时用仪式指效法，例如《诗经·大雅·文王》中有"仪刑文王，万邦作孚"，《诗经·周颂·我将》中有"仪式刑文王之典，日靖四方"。宋代苏辙在代为起草的《皇太后答书》中说："将仪式于文考，以教孝于诸侯。"朱熹则直接指出"仪、式、刑，皆法也"。《三元里人民抗英斗争史料·南海县志·梁廷栋传》记载"士得位，当霖雨苍生；不幸老死萤窗。亦当仪式州里"。有时仪式还特指仪态，汉代王粲在《玛瑙勒赋》中赞叹："御世嗣之骏服兮，表骁骥之仪式。"此外，仪式还用于指测定历日的法式制度。《后汉书·律历志》记载:"及用四分,亦于建武,施于元和,讫于永元,七十余年,然后仪式备立,司候有准。"①《隋书·律历志》也有记载:"逮于永平之末,乃复改行四分,七十余年,仪式方备。"②

但人们常说的仪式更多地指典礼的秩序形式。在《三国志·魏书·张既传》中,裴松之注引晋鱼豢《魏略》:"楚为人短小而大声,自为吏,初不朝觐,被诏登阶,不知仪式。"③唐代韩愈在《南海神庙碑》中说:"水陆之品,狼藉笾豆;荐祼兴俯,不中仪式。"④宋代欧阳修在《归田录》中讲:"(刘岳)不暇讲求三王之制度,苟取一时世俗所用吉凶仪式,略整齐之,固不足为后世法矣。"⑤今天所说的"仪式感"正是从仪式的这一层含义延伸而来的。只是过去的仪式往往与比较重大的事务相关,并不是人们平常所处的生活形态。而今日的"仪式感"则并不一定来自盛大、隆重的仪式,人们开始更多地从日常生活的细节中寻求别样的意义,凡是自己看重的行为

---

① 〔宋〕范晔撰,〔唐〕李贤等注:《后汉书》(第十册),中华书局,2014年,第3033页。
② 〔唐〕魏徵等撰:《隋书》(第二册),中华书局,2014年,第416页。
③ 〔晋〕陈寿撰,〔南朝宋〕裴松之注:《三国志》,中华书局,2014年,第474页。
④ 〔唐〕韩愈撰:《昌黎先生文集》,上海古籍出版社,2013年,第706页。
⑤ 〔宋〕欧阳修等撰,韩谷等校点:《归田录》,上海古籍出版社,2012年,第28页。

都可以视为仪式，人们更在乎其中是否有情感。"感，动人心也。"仪式中的情感是对自己精神需求的满足，当人们为自己的某种行为赋予了情感意义，这种行为就被仪式化了。《小王子》中小王子在驯养狐狸后的第二天又去看望它时，狐狸就对"仪式感"做出了最精妙的解读。

"你最好在同一时间来，"狐狸说，"比如说，如果你下午4点来，那么，我在3点钟就开始觉得幸福。时间越迫近，我就越来越觉得幸福。到4点时，我应该已经焦躁不安、上蹿下跳了。我将让你看到我是多么幸福！但是，如果你来的时间捉摸不定，我就永远不知道怎样做好心理准备迎候你……我们应该有适当的仪式……"

"什么是仪式？"小王子问。

"仪式也是一种很不被重视的行为，"狐狸说，"仪式能够使我们的某一天、某一时刻显得与众不同。"[1]

为什么今天人们热衷于"仪式感"？为什么人们希望某个日子区别于其他日子、某一时刻不同于其他时刻？大概因为在大多数时间里人们的生活太过匆匆忙忙

---

[1] ［法］埃克苏佩里著，洪友译：《小王子》，群言出版社，2006年，第67页。

又平淡无奇，根本不像文学作品中那么精彩。例如戏剧中传统的三幕剧结构，第一幕为交代，即定义冲突，第二幕为危机，即冲突升级，第三幕为高潮，解决冲突。但现实生活并非如此，作为个体的人是极其渺小的，人生既漫长又短暂，漫长是因为平淡，短暂也是因为平淡。这种平淡可能望不到头，也可能戛然而止。人生在世仿佛在暗夜长河里漂泊，人们所要的"仪式感"，无非是为平凡普通的日子标定一个印记，注入个体的情感，以证明自己的存在，这会让人们对自己在意的事情心怀敬畏、对生活更加铭记和珍惜。

仪式感提醒我们，在琐碎生活之外还有诗意。正如王小波所说"一个人只拥有此生此世是不够的，他还应该拥有诗意的世界"[1]，还有那句众所熟知的"这世界不止眼前的苟且，还有诗与远方"[2]。相对于不易到达的远方，诗意的生活完全可以近在眼前。

仪式感的缺失：春节与婚礼

从哲学的角度来看，"仪式感"是一种明心见性、自我认知，通过真诚地专注地对待生活中的细节，让生活成为生活，而不是简单的生存，证明人可以掌控自己

---

[1] 王小波著：《万寿寺》，译林出版社，2017年，第233页。
[2] 张克群著：《红墙黄瓦》，机械工业出版社，2010年，第5页。

的生活，而不是被生活所驱使。从心理学的角度来看，仪式感是一种自我暗示与自我认同，只有"我"赋予特殊意义的行为才具有"我"所要的"仪式感"，而共同追求"仪式感"的人们则从中获取了安全感、归属感和认同感。从礼仪的角度来看，"仪式感"来自于人们对待某种事物某种行为时所持有的恭敬心和谦卑心，这正是"仪式感"与"礼"的关系所在。但现实中并非所有的仪式都带"感"，若仪式脱离了"礼"的根本精神即尊重与自谦，则"仪式感"无从谈起。这明显地体现在国人认为本应最具"仪式感"而今却失去了"仪式感"的两个场合中。

一是春节。人们抱怨过年越来越没有"年味儿"，有人说是因为经济条件改善了、生活水平提高了，但《红楼梦》中"白玉为堂金作马"的贾府、《金瓶梅》中作为全县首富的西门庆家生活水平都足够高，却并不影响过年的热烈气氛。有人说是因为人的流动性加强了、亲人们的距离变远了，但平时难得一见的亲人们在欢聚一堂的时刻不正应该因情感的密集交流而更显气氛热烈吗？有人说人们观念变了，很多人都不回家过年了，但《2018年春运大数据报告》显示春运发送旅客人次高达30亿，其中72%的受访者回家，另有10%的受访者走亲访友，外出旅游的只占13%，这证明为旅游而不回家并非冲淡"年味儿"的主要因素[1]。

的确,"年味儿"变淡一定与时代的发展、社会的变化有着某些必然的联系。事实上变淡的又何止"年味儿"呢?元宵节、端午节、中秋节等传统佳节无一不失去了原来的"味儿"。究其根本,不在于生活水平提高了,也不在于亲人之间的距离变远了,而在于节日失去了原本蕴含着的情感寄托和精神文化内涵,甚至也失去了传统的礼俗形态,放假、聚餐、抢红包成为千篇一律的过节方式,那么这些节日除了名称不同以外,难道还有其他什么不同吗?

传统节日是人和自然的一种协调,是物质和精神的一种协调。节日不是一个特别的日子而已,而是那个日子背后的精神文化。春节不只是大年三十那一晚和大年初一那一天,而是一个复杂的文化系统。民谚说:二十三,糖瓜儿粘;二十四,写对子;二十五,磨豆腐;二十六,去买肉;二十七,宰公鸡;二十八,把面儿发;二十九,蒸馒头;三十晚上熬一宿,大年初一扭一扭。如今不但这一整套程序已经远去,甚至敬天祭祖、放爆竹、贴春联也变得可有可无。当人们对过年失去了掌控感、认同感和敬畏感,只顾抱着手机刷屏,那就难怪会抱怨"过年好无聊啊"。

---

[1] 参见《2018春运大数据:将破30亿人次 平均出行700公里》,http://www.sohu.com/a/211601963_393779。

二是婚礼。婚礼是中国家庭最重视、最隆重，倾注了两家人情感、财力和心力的仪式，但如此重要的仪式上却常常由一个陌生人即婚庆公司的司仪来宣布新人"结为夫妇"。除了完成这个"庄严"任务之外，司仪还要不断地用段子、游戏、恶作剧、煽情贯穿起一个又一个环节，把现场气氛"搞起来"，有些环节甚至低俗下流、张扬陋习。因此有批评指出，国人的婚礼变得不伦不类。

传统礼仪中的婚礼则是极为庄重的，强调"敬慎重正"，乃至认为是婚礼是"礼"之根本。《礼记·昏义》云："昏礼者，礼之本也。"又云："夫礼始于冠，本于昏。"《礼记·郊特牲》中也讲道："夫昏礼，万世之始也。"儒家所倡导的"礼"，从婚姻开始，而后扩大到社会。"男女有别而后夫妇有义，夫妇有义而后父子有亲，父子有亲而后君臣有正。"婚姻建立夫妻关系，继而产生家庭关系、社会关系，把家庭关系的行为规范推广到社会上，用于规范人际关系，是儒家的一贯主张。

《诗经·卫风·氓》中有"匪我愆期，子无良媒"，"尔卜尔筮，体无咎言。以尔车来，以我贿迁"等对婚俗的描述，表明媒人提亲，占卜吉凶，男方前来迎亲，女方准备嫁妆等程序早已经存在。《礼记》中则详细记录了从谈婚、订婚到结婚过程中纳采、问名、纳吉、纳征、请期和亲迎的"六礼"程序。北宋《政和五礼新仪》

将"六礼"简化为"四礼",南宋朱熹又在《家礼》中进一步简化为纳采、纳币、亲迎"三礼",也就是订婚、下聘、迎亲三个环节。清末"文明结婚"在城市兴起,"婚礼程序大为简化,不再遵循讨八字、下喜帖、送聘礼等固有程序,而是代以互赠戒指、拍照留念和登报启事等新的内容"[1]。但礼俗的变化是相当缓慢的,"文明结婚"并没有彻底改变旧有的程序,直到今天提亲、纳征和亲迎这三个环节还较为广泛地存在,只是具体形式发生了一些变化。

在传统婚礼中最具"仪式感"的环节莫过于"拜堂成亲",中国人向来视"洞房花烛夜"为"人生四大喜事"之一。古时结婚当天除了夫妇同席合卺之外,新娘嫁到新郎家中,还要拜祠堂、拜公婆,以示新娘已经成为家族的正式成员。到宋代,还演化出了拜天地、拜高堂、夫妻交拜的礼节,表示天地、祖先、尊长是婚姻的见证者。清末,与"文明结婚"相应,出现了"文明婚礼"。其中除保留传统的拜天地父母之外,还从基督教婚礼中引入了证婚人。在基督教的婚礼中,证婚人由具有一定地位的神职人员担任,代表神见证夫妇的结合,只有在证婚人面前举行的婚礼才有效,才能被社会和法律所认可。而"文明婚礼"则邀请德高望重的长辈或师友担任证婚

---

[1] 苏生文:《晚晴以降:西力冲击下的社会变迁》,商务印书馆,2017年,第276页。

人，例如徐志摩和陆小曼的证婚人是梁启超；蒋介石和宋美龄的基督教婚礼证婚人是余日章等，中式婚礼证婚人是何香凝、蔡元培等。

20世纪50年代开始，城市人由所在单位包管衣食住行，结婚需要组织批准、领导签字，证婚人往往由双方单位的领导担任。婚礼上新人曾一度不拜天地和父母，改拜伟大领袖，高唱革命歌曲，新房内除了"囍"字还要张贴革命标语。基督教式的"文明婚礼"不可能继续存在，至60年代传统婚礼则与其他传统文化一样作为"四旧"被破除，婚礼之"礼"失去了文化土壤。改革开放后，人们面对传统婚礼和舶来的婚礼也都感到陌生和迷茫。若要举办传统婚礼的话，家中已经没有供奉祖先的祠堂；新人若无宗教信仰的话，又不宜在教堂由神职人员证婚。随着市场经济的发展，婚庆公司应运而生，在经济效益的激励下摸索出一套看似亦中亦洋、亦古亦今其实非中非洋、非古非今的婚礼模式，以不同规格、不同价位的套餐兜售给新人，人们则乐得用消费换取省心省力的服务，把自己的人生大事交由陌生人办理。自此，婚礼仪式本身变成了商品，环节逐渐变成了由吃喝、段子、游戏、恶作剧、讲话、视频等组成的大杂烩。婚庆公司的职业司仪掌控仪式的全部过程，包括最为重要的宣布新人结为夫妻。

楼宇烈先生曾在国家图书馆文津讲坛上发问："婚

礼的意义是非常重大的，可是我们现在的婚礼，可能大家都感觉到了，我们现在的婚礼吃吃喝喝不说了，吃吃喝喝还是好的了，还有的人搞很多搞笑的，恶作剧的，甚至于非常庸俗的行为，这个礼难道不应该好好做一做吗？"①

显而易见，在很大程度上婚庆公司所追求的并非婚礼的庄重恭敬、文化传承或是纪念意义，而是利润。环节越多、形式越花哨利润越高。新人及双方家庭所追求的则是热闹喜庆以及财富的彰显。因此，不同人的婚礼上除了新人的名字、照片不同，体现出的经济实力不同之外，其他并没有太大差异。

婚礼之所以变得不伦不类，其问题同样在于礼仪脱离了"礼"的精神指引而无所依从，成了单一的仪式、形式。当然，类似的情况相当多见，并不仅仅存在于传统节日和婚礼中，也并非仅在当代社会才发生。

"礼"与"仪"相背离是仪式感缺失的深层次原因

今天，一些礼仪书籍和礼仪课程在对"礼仪"释义时，将"礼"和"仪"二字分开阐述，作为里和表即精神与形式加以区分，认为"礼"是尊重，是伦理道德方面的

---

① 周和平主编：《文津演讲录》（之十），国家图书馆出版社，2010年，第232页。

要求，是"内在的东西"，而"仪"是仪式、规范，是"礼"在具体操作层面的表现，是"外在的东西"。并且认为，"礼"要通过"仪"来体现，各种各样的"仪"又是来表达"礼"的方式。但"礼"与"仪"的含义曾是相同的，"礼"就是"仪"，"仪"就是"礼"，二者同时具有精神和形式的意义，是可以互相替代的。例如《诗经》中就经常这样使用"礼"和"仪"。

相鼠有皮，人而无仪。人而无仪，不死何为？相鼠有齿，人而无止。人而无止，不死何俟？相鼠有体，人而无礼。人而无礼，胡不遄死？（《鄘风·相鼠》）
既见君子，乐且有仪。（《小雅·菁菁者莪》）
岂弟君子，莫不令仪。（《小雅·湛露》）
各敬尔仪，天命不又。（《小雅·小宛》）

除《诗经》外，《史记》中也有这样运用"礼"和"仪"的情况。

余至大行礼官，观三代损益，乃知缘人情而制礼，依人性而制仪，其所由来尚矣。（《史记·礼书》）
臣愿颇采古礼与秦仪杂就之。（《史记·叔孙通传》）

前一句讲依据人的性情而制定礼仪，运用了互文见义的修辞手法,而非将"礼"和"仪"作为两种不同的事物。后一句中"古礼"与"秦仪"也是互文修辞,"礼"与"仪"同义,指参考二者来制定新的礼仪。

还有时"礼"和"仪"同义字叠用。

> 凡国之大事,治其礼仪,以佐宗伯。(《周礼·春官·肆师》)
>
> 礼仪卒度,笑语卒获……礼仪既备,钟鼓既戒。(《诗经·小雅·楚茨》)
>
> 乃申尔服,礼仪有序。(《仪礼·士冠礼》)
>
> 礼仪三百,威仪三千。(《礼记·中庸》)集注云:"礼仪,经礼也;威仪,曲礼也。"

通常认为,大约在春秋时期"礼"与"仪"开始分离,《左传》中的两段记载通常被作为依据。其一出自《昭公五年》:

> 公(鲁昭公)如晋,自郊劳至于赠贿,无失礼。晋侯谓女叔齐曰:"晋侯不亦善于礼乎?"对曰:"鲁侯焉知礼!"公曰:"何为?自郊劳至于赠贿,礼无违者,何故不知?"对曰:"是仪也,不可谓礼。礼所以守其国,行其政令,无失其民者也。今政令在家,不能取也;有子家羁,弗能用也。奸大国之盟,陵虐小国。利人之难,

不知其私。公室四分，民食于他。思莫在公，不图其终。为国君，难将及身，不恤其所，礼之本末将于此乎在，而屑屑焉习仪以亟。言善于礼，不亦远乎？"君子谓叔侯于是乎知礼。①

鲁昭公到晋国去，从郊外迎接、慰劳到赠送财物，看似从没有失"礼"之处。女叔齐却指出，这只是"仪"，不能说是"礼"。"礼"是用来保有国家，推行政令，不失去百姓的。鲁昭公本末倒置：现在政令出于私家，不能取回；有子家羁这样的人才，却不任用；违反大国的盟约，欺侮虐待小国；利用别人的危难，却不知道自己将有危难；公室一分为四，百姓靠三家大夫养活；民心不在国君，昭公也不考虑后果；身为国君，危难将要降临在他身上，却不去忧虑他岌岌可危的地位。可见，鲁昭公忽视"礼"的根本，却只注重作为枝节的仪式，他距离懂"礼"还差得太远了。而女叔齐的看法说明他才是真正懂"礼"之人。

其二出自《昭公二十五年》：

子大叔见赵简子，简子问揖让、周旋之礼焉。对曰："是仪也，非礼也。"简子曰："敢问，何谓礼？"对曰：

---

① 杨伯峻编著：《春秋左传注》，中华书局，2018 年，第 1099 页。

"吉也闻诸先大夫子产曰：'夫礼，天之经也，地之义也，民之行也。'天地之经，而民实则之。……生，好物也。死，恶物也。好物，乐也。恶物，哀也。哀乐不失，乃能协于天地之性，是以长久。"简子曰："甚哉，礼之大也。"①

子太叔见赵简子，赵简子向他请教问揖让、周旋之礼。子太叔回答说："这是仪式，不是礼。"赵简子说："请问什么是礼？"子太叔回答说："我听先大夫子产说，'所谓礼，是上天的规范，大地的准则，人民的行动依据。'天地的规范，民众就加以效法。……生是人们喜好的，死是人们厌恶的；喜好的使人欢乐，厌恶的使人哀伤。无论哀伤还是欢乐，都不应该失礼，才能够和天地本性协调，这样才能够长久。"赵简子感慨："礼太宏大了！"

女叔齐认为，"礼"本"仪"末，鲁昭公舍本逐末，其行为是"仪"不是"礼"。子太叔则指出"礼"是天经地义的人的行为准则，而揖让、周旋之类的仪式，只能称之为"仪"而不是"礼"。女叔齐与子太叔的观点完全一致。

《礼记》也通过论述"礼"之"义"与"数"以及"礼"之"本"与"末"，来阐明"礼"重在精神与形式的统一。

---

① 杨伯峻编著：《春秋左传注》，中华书局，2018年，第1271-1272页。

礼之所尊，尊其义也。失其义，陈其数，祝史之事也。故其数可陈也，其义难知也。知其义而敬守之，天子之所以治天下也。（《礼记·郊特牲》）

铺宴席，陈尊俎，列笾豆，以升降为礼者，礼之末也，故有司掌之。（《礼记·乐记》）

第一段话阐述"礼"的可贵之处在于其精神，"礼"如果失去应有的精神、只剩下形式，那便是祭祀之官做的事了。"礼"的形式容易做到，而"礼"的精神不易把握。天子能够治理天下，正是因为他既洞悉"礼"的精神又能遵守"礼"的形式。

第二段话明确"礼之数"指"礼"的仪式、陈设、程序等，并将其视为"礼"的细枝末节，由"有司"掌握即可。这两段话在批判"礼"的精神与形式割裂时用"礼之义"指精神，"礼之数""礼之末"指形式，却没有出现"仪"，更证明"礼"原本就是精神与形式的统一体，也证明精神与形式的分化是渐进的过程。在这一过程中，"礼"作为精神实质获得了更高的地位，而"仪"则失去了精神层面的高度，作为具体操作的技术而降格为细枝末节，成为礼节、仪式、揖让周旋等外在的形式。"礼数"一词作为"礼节"的同义词为后人所沿用。例如：

丈人叨礼数，文律早周旋。（唐杜甫《哭韦大夫之晋》）

仇兆鳌注:"礼数周旋,相契之情。"

惟曾祖受三天子聘贤之礼数,在先朝为九老人受道之师承。(宋周煇《清波杂志》卷八)

一请犹是礼数,若又再请,则无谓矣。(宋朱熹《与魏元履书》)

那大汉下的车,众人施礼数。(元睢景臣《哨遍·汉高祖还乡》套曲)

小弟智深乃是愚卤直人,早晚礼数不到,言语冒渎,误犯清规,万望觑赵某薄面,恕免恕免。(《水浒传》第四回)

香汤沐浴,食以膏粱之味,饰以文绣之衣,教以礼数,携至镐京。(《东周列国志》第二回)

惟恐各诰命来往,亏了礼数,怕人笑话,因此心中不自在。(《红楼梦》第十三回)

这才彼此握手,握得那样热烈,那样牢固,不像是相见的礼数,简直是两个心灵的互相融合的印证。(叶圣陶《倪焕之》)

自春秋时期始的"礼"与"仪"的分离,是周王朝礼崩乐坏的表现之一。古人从批判这种精神与形式背离的角度入手,将二者区分开来,试图以"克己复礼"重新实现二者的统一。但事实上这些批判不但无法阻止"礼"与"仪"的背离,还在一定程度上令后人误解为古人认可了二者的背离。

汉代,"礼"与"仪"的背离出现了一些极端案例,那时以"孝"治天下,提倡孝道,褒奖孝悌,以"孝""廉"推举人才。按照礼教的要求,凡是不为尊亲守孝三年的人,不得被推举。有人在父母的坟边上盖个草棚子住上三年,有人则干脆在墓道里面待上三年。但有些人却是以此做给别人看的,虽然身居草棚甚至墓道之中,却是吃喝玩乐无所不作,严重影响了社会风气。王春瑜先生曾谈道:"如汉代一位儒生,为父母守墓,表面上与太太分居,似乎为追思先人,人道都废了,可见是何等的专心尽孝。后来有人无意中发现,此公竟在墓道里与太太照样过夫妻生活,而且生出的'接班人'都非止一个了。您瞧,这是多么虚伪!"[1]

在古人对于"礼"与"仪"背离现象的表述中还存在以"敬"指精神、以"礼"指形式的情况。例如孔子在评论世事时说:"居上不宽,为礼不敬,临丧不哀,吾何以观之哉?"[2]再如子路所说:"吾闻诸夫子:丧礼,与其哀不足而礼有余也,不若礼不足而哀有余也。祭礼,与其敬不足而礼有余也,不若礼不足而敬有余也。"[3]显然,在这两句话中"礼"成了外在的礼节、形式,而"敬"

---

[1] 王春瑜:《一碗粥装得下半部历史》,金城出版社,第111页。
[2] 杨伯峻译注:《论语译注》,中华书局,2007年,第45页。
[3] 王文锦译解:《礼记译解》,中华书局,2016年,第78页。

与"哀"则指代内在的精神实质。虽然表述不同,但同样是对二者割裂、背离的批判,也同样体现出二者割裂、背离是渐进的过程。

仪式感：礼仪精神内涵的回归

古人面对"礼"与"仪"的分离时认为,"礼"作为精神实质具有更高地位,而"仪"则作为具体操作技术只是细枝末节的外在形式。可随着时间的流逝,外在形式愈发备受重视,内在精神则常常被人们忽略,甚至今人多认为礼仪就是礼节、仪式等外在形式。

"礼"与"仪"相背离所造成的负面影响并不在于这种现象本身,而在于这种现象所带来的无"礼"之"仪"盛行,重外在轻内在、重形式轻精神的情况在社会上广泛存在,"做秀"、走形式、搞花架子、虚荣攀比成为社会风气。在现代礼仪教学中更是普遍存在重"仪"轻"礼"、有"仪"无"礼"的情况,一些教师、培训师将礼仪作为一门技术传授,却忽视或无视礼仪对于个人精神素养和社会道德风尚的重要性。礼仪被误解或故意曲解为交际术、成功学,有些教学内容甚至形同表演,目标就是以所谓的"礼仪"之"术"达到人际交往的成功,进而以人际交往的成功获取事业或生活的成功。当国人对礼仪的功利化觉得理所应当、习以为常的时候,应当忧虑的是中华民族之人格的未来走向。密拉波早就指出近代文明的问题："国人之文明在其风尚之温和，生活城市化，彬彬有礼，高雅举止蔚然成风，其人遵从礼仪犹如法律。我认为，这一切仅仅是道德的表面现象，而不是它的本来面目。如果文明不能赋予社会以道德的实质与形式的话，那它对社会便毫无贡献可言。"[1] 张汝伦先生则直言："只注重外在行为的控制最好的结果是造成一个伪君子或假斯文，最坏则是文明礼貌成为作恶的借口和掩饰。"[2]

今天人们越来越追求"仪式感"，一个"感"字表达了人们的精神诉求，也为社会提供了重视礼仪之精神内涵的契机。"仪式感"是一种认真对待生活的态度，它将抽象的精神拉回到现实生活中。"仪式感"不依靠强行灌输而获得，而是每一个重视生活意义的"我"以自发的精神追求去自觉地实现"礼"与"仪"的统一。"仪式感"不是浮夸而是庄重，无论大事还是小事、无论繁复还是简洁、无论热闹还是清净都可以从中寻求高尚的意义和价值。"仪式感"不是物质的堆砌与炫耀，要防止"仪式感"变味成"仪式秀"。一个人从出生到死亡的一生，从清晨起床到夜晚入睡的每一天，有很多值得去发掘其内在意义的"仪式感"。当"仪式感"融入到

---

[1] ［德］埃利亚斯，王佩莉、袁志英译：《文明的进程》，译文出版社，2009年，第36页。
[2] 张汝伦：《我们需要什么样的文明》，商务印书馆，2017年，第373页。

人们的生活当中，身边更多的细节将得到应有的敬畏，恭敬心与谦卑心将得到传承，责任、良知、诚信等良好品性也将得到应有的弘扬。

从另一个角度看，"礼"与"仪"分离给人们带来一种认识：礼仪的形式应当与时俱进、随时代发展而变化，而礼仪的精神则具有永恒、普世的价值。无论礼仪的形式如何变化，都应该遵循、体现礼仪的精神，都值得人们从中寻求生命的意义。

"礼"与"义":中国是"礼仪之邦"还是"礼义之邦"?

"礼仪之邦"一词作为国人引以为傲的"标签",似乎对于满足民族自豪感起到了很大的作用。但是略作思考会发现其中存在的问题,那就是自春秋时期"礼"与"仪"开始分离,今天人们已经普遍认为礼仪等同于外在的礼节、仪式,那么"礼仪之邦"所指便是重视这些外在形式、擅长举办仪式的国家。这显然并非人之所愿,更与提升民族自豪感相背离。因此,王蒙先生等知名学者大声疾呼:中国是"礼义之邦",而非"礼仪之邦"!

江苏宜兴中学的钱秀程先生大概是最早对"礼仪之邦"一词提出质疑的专家,2004年他在《语文知识》发表《"礼仪之邦"应为"礼义之邦"》一文,他指出:"礼仪之邦"的"仪"是别字,应改为"义"字。"礼仪"是指行礼的仪式,如"礼仪小姐"就是负责礼节和仪式的人员。"礼义"则是儒家倡导的道德规范,后来成为社会的道德准则,一贯重视制度品节,提倡遵循社会规范和道德规范,推崇为正义而献身的操守,这里的"义"是"正义、公正、合理的行为道德"。这样的"礼义之邦"才是值得自豪的,如果仅是注重行礼仪式的"礼仪之邦",

有什么值得自豪的呢①？

2012年底王能宪先生在澳大利亚墨尔本"21世纪中华文化世界论坛"第七届国际学术研讨会上发表演讲，后经修订发表了《"礼仪之邦"还是"礼义之邦"》《"礼义之邦"考辨》两篇文章。文中对大量相关古代文献进行了梳理、辨析，指出"礼仪之邦"的滥用是完全错误的，应当废止。"礼义之邦"与"礼仪之邦"一字之差、含义万殊，二者格局之大小相差万里，境界之高下何止天渊，这种误传将影响到对中华民族及其传统文化的认识与评价。"如称吾国为'礼仪之邦'，无异于说'中国人只会打躬作揖'。"②

2015年，莫清华先生发表文章《"礼仪之邦"还是"礼义之邦"》，从儒学发展和改造的角度阐述了"礼义"的重要价值和"礼义之邦"的合理性所在。

2017年春节前夕，新华社公布了中共中央办公厅、国务院办公厅印发的《关于实施中华优秀传统文化传承发展工程的意见》，将"加大宣传教育力度"列为重要工作，要求"加强国民礼仪教育。加大对国家重要礼仪的普及教育与宣传力度，在国家重大节庆活动中体现仪

---

① 钱秀程：《"礼仪之邦"应为"礼义之邦"》，载《语文知识》，2004年第6期，第24页。
② 王能宪：《"礼仪之邦"还是"礼义之邦"》，载《粤海风》，2013年第1期，第3—7页。

式感、庄重感、荣誉感，彰显中华传统礼仪文化的时代价值，树立文明古国、礼仪之邦的良好形象。研究提出承接传统习俗、符合现代文明要求的社会礼仪、服装服饰、文明用语规范，建立健全各类公共场所和网络公共空间的礼仪、礼节、礼貌规范，推动形成良好的言行举止和礼让宽容的社会风尚。"① 春节一过，翟玉忠研究员立即在网上发表《恳请国家有关部门更正中国是"礼仪之邦"的错误提法》一文，他指出：加强国民礼仪教育是重要的，但《意见》几乎没有提到几千年来规范调节国人数千年社会生活的礼义（礼之义），却将礼仪（礼之仪）放在了第一位，还称中国是"礼仪之邦"，这种颠倒本末的提法会导致严重的后果。因为这将使中国文化失去特殊性、时代性和普世性，将中华传统文化最核心的元素剥离。中国是礼义之邦，这种表达会让中华传统文化的"实"合乎中华文化的"名"。否则，必将以名害实。在关乎中华传统文化根脉的问题上——执政者慎之！②

在文献数字化的今天，人们只需打开古籍数据库检

---

① 《中共中央办公厅　国务院办公厅印发〈关于实施中华优秀传统文化传承发展工程的意见〉》，2017 年 1 月 25 日，http://www.gov.cn/zhengce/2017-01/25/content_5163472.htm。

② 翟玉忠：《恳请国家有关部门更正中国是"礼仪之邦"的错误提法》，http://www.xinfajia.net/14659.html。

索一下，便可知自古以来只有"礼义之邦"，几乎全无"礼仪之邦"，但不知为何，很少有人愿意动动手指，也很少有人关注学者们的呼吁，却任凭讹误泛滥。

"仁""义""礼"

"礼"和"义"同在儒家"五常""仁义礼智信"和"国之四维""礼义廉耻"之中。虽然"礼仪"一词在《诗经》就已经出现，但在汉代之前较少使用。《论语》中"仁"出现109次，"义"出现24次，"礼"出现75次，但没有出现过"仁义""礼义""礼仪"三词。《孟子》中"仁"出现158次，"义"出现108次，二者的出现的频率差距减小，"礼"出现68次，可见康有为所言"孟子多言仁，少言礼"[1]不虚。《孟子》中"仁义"出现25次，"礼义"出现5次，没有出现过"礼仪"。《荀子》中"仁"出现36次，"义"出现305次，"礼"出现309次；"仁义"出现16次，"礼义"高频率出现，达到109次，"礼仪"仅出现2次，并且这2次皆为引用《诗经》中的"礼仪卒度，笑语卒获"。故此，康有为说"荀子多言礼，少言仁"[2]，但即便"多言礼"，也是多为"礼""礼义"，而"礼仪"极少。

---

[1] 康有为：《康有为全集》（第二集），上海古籍出版社，1990年，第317页。

[2] 同上。

荀子"少言仁"并非抛弃"仁","唯仁之为守，唯义之为行"，恪守仁爱，奉行道义，显示出荀子以道义行使仁爱，以"礼义"约束人性的观点。他继承了孔孟"仁者爱人"的思想，主张"仁者必敬人"，所强调的"礼义"仍然是以"仁"作为基础的，"仁"作为儒家思想的核心没有改变，"仁先礼后""仁本礼用"的思想基础也没有改变。

不同的是，孔孟认为"仁义内在"，而荀子则主张"仁内义外"。孔子认为"仁""义"皆为内在的高尚德行，因此曰"君子义以为质"，"君子义以为上"。《孟子·尽心上》云："君子所性，仁义礼智根于心。"《孟子·告子上》云："仁义礼智，非由外铄我也，我固有之也，弗思耳矣。"可见，孟子认为，"仁""义""礼""智"根植于内心，为人性所固有。荀子的看法则不同，《荀子·性恶》云："凡礼义者，是生于圣人之伪，非故生于人之性也。"《荀子·礼论》云："人生而有欲，欲而不得，则不能无求，求而无度量分界，则不能不争，争则乱，乱则穷。先王恶其乱也，故制礼义以分之。"在荀子的思想中，"礼义"不是人之内心本性，而是作为克服"人性恶"的后天手段由圣人、圣王创造的，目的在于以必要的度量分界，即"礼"，来理顺因人先天的欲望不受控制而导致的混乱局面。这就形成了"仁内义外"的分工。《礼记·丧服》云："门内之治，恩揜义；

门外之治，义断恩。"此处的"恩"可以理解为"仁"，还有学者推测此处的"恩"就是"从身从心"的"仁"字的别字①。子思在《五行》中提到的"形于内"的"德之行"和"不形于内"的"行"，实际上就是"仁内义外"。告子更是直接说出了"仁内义外"："食色，性也。仁，内也，非外也；义，外也，非内也。"孟子对告子观点展开了批判，意在将"仁""义"皆归于内，将"义"作为寻求"仁"的路径，强调二者不同的价值功能："仁，人之安宅也；义，人之正路也"，"仁，人心也；义，人路也。舍其路而弗由，放其心而不知求，哀哉！"

"义"是什么？《中庸》云："义者，宜也。"庞朴先生分析，"宜之本义为杀，为杀牲而祭之礼"②，在"三礼"（即《礼记》《仪礼》《周礼》）中常作祭祀讲③。繁体的"義"字结构为"我"手持"兵器"、上插"翎毛"。④因此舍生取义、大义灭亲、慷慨赴义、见义勇为、大义凛然等词中皆有牺牲、危险等含义。"仁"与"义"的取舍是一个理论难题，北宋理学家程颢看到一只毒蝎子，按"义"当杀，但却于心不忍，因此说："杀

---

① 庞朴：《中国文化十一讲》，中华书局，2008年，第109页。
② 庞朴：《儒家辩证法研究》，中华书局，2009年，第21页。
③ 庞朴：《中国文化十一讲》，中华书局，2008年，第107-110页。
④ 同上书，第110页。

之则伤仁，放之则害义。"[1] 在一番纠结后，他最终选择"仁"而舍弃"义"，将蝎子放生。"仁"是爱的情感，"义"是杀的理智，杀得合宜、适当即为"义"，由此"义""宜"便有了合适的意思。《汉书·艺文志》云："仁之与义，敬之与和，相反而皆相成也。""仁"与"敬"皆为发自内心的情感，"义"与"和"则都有合适、适当之意。孟子"仁""义"并用，是谓"仁义"，有以"义"节制"仁"、使"仁"适当的意味，但二者最终都归于内心。荀子主张"仁内义外"，将"义"作为道德的理性规范，即"道义"，同时他多将"礼""义"并用，是谓"礼义"，以此实现体制与道德的统一。

"礼"与"义"的关系究竟如何？根据古代文献和先哲论述可以做一归纳。其一，"礼"生于"仁"和"义"。子思云："仁义，礼所由生也，四行之所和也。"《礼记》明确了亲亲为"仁"，由"仁"生"义"，由"义"生"礼"，然后万物各得其序，各得其所的过程，即"仁者，义之本"，"男女有别，然后父子亲；父子亲，然后义生；义生，然后礼作；礼作，然后万物安"。这与老子批判儒家时所说"失道而后德，失德而后仁，失仁而后义，失义而后礼"[2]中的"仁""义""礼"的产生顺序一致。

---

[1] 彭际清述：《一乘决疑论》，《频伽大藏经》（158），九洲图书出版社，2008年，第119页。

[2] 朱谦之撰：《老子校释》，中华书局，2017年，第159页。

其二,"礼"节制"义"。孟子云:"仁之实,事亲是也。义之实,从兄是也。……礼之实,节文斯二者是也。""礼"就是对"仁""义"的节制,使"仁""义"行之有度。《礼记·中庸》云:"仁者,人也,亲亲为大;义者宜也,尊贤为大。亲亲之杀,尊贤之等,礼所生也。""礼"生于"仁"和"义",正是为了以亲疏尊卑节制"仁"和"义",故曰:"仁义礼乐,其致一也。君子处仁以义,然后仁也,行义以礼,然后义也,制礼反本成末,然后礼也。""义"生"礼",同时接受"礼"的节制;"礼"基于"义"的精神,同时规范"义"的行使。正如张奇伟教授所言:"'义'是'礼'的'义','礼'是'义'的'礼'。'礼'因'义'而深厚有根,'义'因'礼'而现实可行。"[1] 其三,"礼"与"义"相通。"夫义者,所以限禁人之为恶与奸者也","夫义者,内节于人而外节于万物者也,上安于主而下调于民者也。内外上下节者,义之情也"。荀子认为"礼"与"义"相通,并多将二者并用,称"礼义",说明体制、秩序与理性、道义的出发点和追求的目的都是一致的。

故古者圣人以人之性恶,以为偏险而不正,悖乱而

---

[1] 张奇伟:《论"礼义"范畴在荀子思想的形成——兼论儒学由玄学走向切近》,载《北京师范大学学报(人文社会科学版)》,2001年第2期,第13-18页。

不治，故为之立君上之埶以临之，明礼义以化之，起法正以治之，重刑罚以禁之，使天下皆出于治，合于善也。（《荀子·性恶篇》）

今人之性恶，必将待圣王之治、礼义之化，然后皆出于治，合于善也。（同上）

从人之性，顺人之情，必出于争夺，合于犯分乱理而归于暴。故必将有师法之化，礼义之道，然后出于辞让，合于文理，而归于治。（同上）

古者圣王以人之性恶，以为偏险而不正，悖乱而不治，是以为之起礼义，制法度，以矫饰人之情性而正之，以扰化人之情性而导之也。始皆出于治，合于道者也。（同上）

夫好利而欲得者，此人之情性也。假之人有弟兄资财而分者，且顺情性，好利而欲得，若是，则兄弟相拂夺矣；且化礼义之文理，若是，则让乎国人矣。（同上）

荀子认为，人本性恶而产生欲求，欲求造成争夺，即使兄弟间也难以避免，从而带来混乱。荀子的"礼义"，通过"化性"起到规范和约束的作用，达到"出于辞让""合于文理""让乎国人""出于治""合于道""合于善"的理想状态，即实现"仁""义""礼""乐"的协调一致并最终归于仁爱。

但"礼义"并非荀子"化性"的唯一方法，与之并举的是"法度"。他认为"治之经，礼与刑，君子以修百姓宁"，因此提出"隆礼尊贤而王，重法爱民而霸"的治国理念。他称"礼治"为"道德之威"，称"法治"为"暴察之威"。在"隆礼"与"重法"之间，"礼"高于"法"，"礼"为"法"之大本，即"礼者，法之大分，类之纲纪也"。所以，"法治"至其极也不过为"霸"，而不能成"王"。若要成"王"，还需要"礼"起决定性作用，守"礼义"自然合"法度"，"故礼及身而行修，义及国而政明，能以礼挟而贵名白，天下愿，会行禁止，王者之事毕矣"。

荀子在自己的理论逻辑上实现了"礼治"与"法治"的协调一致，而事实上，人类历史发展到今天，"礼治"与"法治"、道德与法律之间仍然存在难以调和的矛盾。2018年上映的电影《我不是药神》讲述了主人公为救病人走私私贩印度仿制药品，却因此入狱。在他去监狱的路上，患者们为他送行，凸显出道德与法律的碰撞、冲突。

"礼义"一词的使用与发展

"礼"与"义"连属成词谓之"礼义"，丰富和提升了两个字原有的含义，成为了一种体制、一种秩序、一种精神。"礼义"一词不仅在《荀子》中频繁出现，早至先秦晚至清末，该词都被广泛使用。

变风发乎情，止乎礼义。发乎情，民之性也；止乎礼义，先王之泽也。(《荀子·儒效篇》)

虽王公士大夫之子孙也，不能属于礼义，则归之庶人。虽庶人之子孙也，积文学，正身行，能属于礼义，则归之于卿相士大夫。(《荀子·王制篇》)

隆礼、贵义者其国治；简礼、贱义者其国乱。(《荀子·议兵篇》)

成礼义，德之则也。(《国语·周语上》)

礼义消亡，淫风大行。(《毛诗注疏》)

凡人之所以为人者，礼义也。(《礼记·冠义》)

上治祖祢，尊尊也。下治子孙，亲亲也。旁治昆弟，合族以食，序以昭缪，别之以礼义，人道竭矣。(《礼记·大传》)

彼秦者，弃礼义而上首功之国也。(《战国策·赵策三》)

齐王之国，左右维持以礼义，不幸中年早夭。(《史记·三王世家》)

夫不通礼义之旨，至于君不君，臣不臣，父不父，子不子。(《史记·太史公自序》)

至文帝时，贾谊以为"汉承秦之败俗，废礼义，捐廉耻……"。(《汉书·礼乐志》)

而朝廷尝奖之以礼义者，晚节末路，往往怵而为奸。(王安石《上仁宗皇帝言事书》)

> 诗书不可不读，礼义不可不知。子孙不可不教，婢仆不可不恤。（朱熹《朱子家训》）
>
> 礼义，治人之大法；廉耻，立人之大节。（顾炎武《日知录·廉耻》）
>
> 有国家者，礼义以为防，城郭甲兵以为固，自羲、黄以来，不能偏废。（魏源《武圣记·国初征抚朝鲜记》）

以上列举的只是历代文献中大量使用的"礼义"一词的极少部分，纵观这些"礼义"，内涵丰富深刻，外延恢宏宽广，精神一以贯之。王能宪先生认为，"礼义"几乎涵盖了儒家关于人伦、天道、政治、社会、文教、风俗诸多方面的基本精神，并指出，礼义的思想，就是儒家的思想；礼义的精神，就是儒家的精神[①]。

管子提出"礼义廉耻"为"四维"："一曰礼，二曰义，三曰廉，四曰耻。"（《管子·牧民》）他认为，治国用此四纲，就可使"上安位""民无巧诈""行自全""邪事不生"，于是国可守、民可治。所以，"守国之度，在饰四维"，"四维不张，国乃灭亡"。之后，由"四维"又发展出汉代"五德"即"仁、义、礼、智、信"，以及宋代"八德"即"孝、悌、忠、信、礼、义、廉、耻"，等等。

---

① 王能宪：《"礼仪之邦"还是"礼义之邦"》，载《粤海风》，2013年第1期，第3—7页。

近代，随着社会环境的变化发展，"礼义廉耻"也实现了转化。1927年，蒋介石办武岭学校，题写"礼义廉耻"作为校训。1933年7月23日，蒋介石在对军官训练团的讲话中指出："军队教育的精神，就是要使一般官兵统统有'礼义廉耻'。过去军队一般长官，不懂这个道理，不能以此道理来教育部下，一般士兵当然更加不懂，所以教育不能发生效力，军队一切，也等于零，没有一点力量可言。我们一定要惩前毖后，必须注意这精神和道德的训练才好。"①

1933年9月20日，蒋介石在星子县合作人员训练班《合作人员的革命责任》演讲中强调，合作人员需要承担救亡图存、复兴民族、完成革命的重任，合作人员要以身作则，做民众的导师，"礼义廉耻"的教育是合作事业、国家一切事业的基础。他在《复兴民族之根本要务——教养卫之要义》讲话中强调，"教""养""卫"是建设国家、复兴民族的根本要务，其中的"教"就是要注重做人道理的教育，亦即"礼义廉耻"的教育，使受教育的人"明礼义、知廉耻、负责任、守纪律"，才能为民族复兴作出贡献。

通过若干次讲话阐发，蒋介石更加意识到"礼义廉耻"思想在传统道德中的地位以及对国家建设与发展的

---

① 秦孝仪：《"总统"蒋公思想言论总集》（十一），台北：国民党中央党史委员会，1984年，第329页。

意义，他于1934年2月19日发起了"新生活运动"。"新生活运动"旨在从国民日常生活入手，通过改变国民不合时代要求的生活习惯，寻求道德建设的有效路径，按照"礼义廉耻"的要求，推动民众生活的变革。该运动确立了"礼义廉耻"的"国之四维"地位，并解释为"礼是规规矩矩的态度，义是正正当当的行为，廉是清清楚楚的辨别，耻是切切实实的觉悟"，在抗日战争时期则改为"礼是严严整整的纪律，义是慷慷慨慨的牺牲，廉是实实在在的节约，耻是轰轰烈烈的奋斗"。

1934年3月，蒋介石在出席南昌行营扩大总理纪念周时做了《礼义廉耻的精义》演讲，较为全面地阐述了新生活运动的基本原则即"礼义廉耻"的内涵，并特别强调帮助民众更好地理解和接受。他说"礼义廉耻"与"孝悌忠信""忠孝、仁爱、信义、和平""智信仁勇严"在意义上是互相包含、互相关连、贯通一致的。他说一个人能够真正做到"孝悌忠信"，也将能完全实践"礼义廉耻"，一个人能真正实践"礼义廉耻"，就能够做到"忠孝、仁爱、信义、和平"。"所以我们现在规定'礼、义、廉、耻'为新生活运动的准则，并不是说丢开其他的德目不要，也没有分别取舍的意思在内。其真正意义，乃是特别选定这简单明确的四个字，拿来统摄我们民族固有的一切美德，使全国国民易于记忆，易于实行，使得个个人都能'重礼、尚义、明廉、知耻'，从而发扬民族道德，以树立精神的国防，奠定国家千万年的精神基础！"①在这次演讲中，蒋介石论述"仁"与"义"的关系，他认为二者是相通的，将"仁"等同于博爱、为人，强调"仁"要合乎人道，反之，自私自利、违反人道的即为麻木不仁。"如果抱着'博爱'的主义，存着为人的心思，再表现于我们一切行为，施之于诸般事物，为他人，为社会，为国家造福，这就是所谓'救人之仁''救国之仁'和'救世之仁'，亦即'礼、义、廉、耻'的'义'。……群体是靠互助来维系的，互助的行为就是'义'，而互助的动机则是发乎'仁'。……'仁'与'义'实在是一个东西，就其存之于心而言谓之'仁'，就其施之于事而言谓之'义'。"②所以，在蒋介石看来，"义"就是行为的正当性，是内心"仁"在行动上的实施。

1934年5月15日，《新生活运动纲要》修订发表，对于在民众中实施"礼义廉耻"提出了具体要求，确定"新生活运动"就是倡导"礼义廉耻"的生活规律，"礼义廉耻"是待人、处事、持躬、接物的中心规律。"人因求行为之完善，而后有知识技能之需要，否则，知识技能不过为济奸作恶之具。'礼义廉耻'者，乃是社会为团体为国家惟一之规律；反乎'礼义廉耻'之行为，其知识技

---

① 张其昀：《先"总统"蒋公全集》（第一册），台北："中国"文化大学出版部，1984年，第838页。
② 同上书，第839页。

能适足以损人,结果亦不能有利于己,败群害国而已。故'礼义廉耻'不独可以救国,且所以立国。"①"礼"即为理,自然界的"礼"是定律,社会的"礼"是规律,国家的"礼"是纪律,人的行为以这三律为准绳,也就是为守规矩,合乎"礼"的行为。"义"即宜,即人的正当行为,合于"礼"即自然定律、社会规律、国家纪律的行为是正当行为,否则不是合乎"义"的行为。"廉"即明,也就是要求人能辨别是非,合乎"礼义"为是,反乎"礼义"为非,取是舍非,就是清清白白的辨别。"耻"即知,也就是知道应有羞恶之心。自己的行为如果不合"礼""义"及"廉"的要求,自己能认识到这是可耻的行为,就是羞;他人的行为如果不合"礼""义"与"廉"的要求,自己能认识到这是可耻的行为,就是恶;对于羞恶问题,需要注重切实,也就是切切实实的觉悟②。可见,"耻"是行为的动机,"廉"是行为的向导,"义"是行为的履践,"礼"是行为的表现。"礼义廉耻"四者也是相互联系的,"发于耻,明于廉,行于义,而形之于礼,相需相成,缺一不可,否则,礼无义则奸,礼无廉则侈,礼无耻则谄,此奸,侈,谄,皆似礼而非礼者也"③。《新生活须知》对"礼义廉耻"的实践做出

---

① 新生活运动促进总会编印:《新生活运动辑要》,1936年,第5页。
② 同上书,第7页。
③ 同上书,第8页。

了具体要求：关于"礼"，要做到"守法循理，戒慎将事，和气肃容，善与人处，孝亲敬长，克敦伦纪"；关于"义"，要实现"厚人薄己，不争权利，急公忘私，弗辞劳瘁，扶善除恶，以彰公理"；关于"廉"，要达到"严慎取予，操守有节，辨别是非，力排谬说，崇尚节约，以惜物力"；关于"耻"，要表现为"不屑卑污，尊重自处，不甘暴弃，力求进步，不图苟存，宁死御侮"[1]。

蒋介石的"礼义廉耻"固然延续了管子"国之四维"的政治统治的功能，但更加强调在人们日常生活中的道德规范功能，通过重新解读赋予了"礼义廉耻"新的时代内涵，对处于动荡转型时期的中国社会重建国民道德体系起到积极作用。其一，蒋介石明确视"礼"为态度，抓住了礼仪的精神，而不是只着眼礼仪的形式，这是极为可贵的。他强调以态度落实行为，说："古人真心诚意，首先要做检察身心的工夫，所谓居敬存诚，实际只是一件事。而居敬的工夫，始于个人生活以及动止仪容，不论群居独处，必使一切皆合于礼，礼主于敬，由敬而至于诚，然后方见得金石为开的至诚。"[2] 同时，他也重视以行为促进态度，"由外形之训练，促进内心之建设，此乃极平凡之运动，亦即针对我民族当前环境与病态之

---

[1] 新生活运动促进总会编印：《新生活运动辑要》，1936年，第15页。
[2] 张其昀：《先"总统"蒋公全集》（第一册），台北："中国"文化大学出版部，1984年，第838页。

良药也"①。其二，蒋介石阐述"礼义廉耻"不再从"天"或"圣王""圣人"出发，而是从人出发，不再局限于"君子""士人""大夫"等贵族阶层，而是适用于全体国民，甚至将新生活运动定位为"中华民国新生命之起点"②。由人至社会、由社会至国家、由国家至全人类，"礼义廉耻"改变了旧有的路径，成功地实现了传统道德的现代转化。其三，蒋介石认为"礼义廉耻"与"信仁智勇"相通，前者为民族道德之体，后者为民族道德之用，能实践"礼义廉耻"的人，也一定能达到"信仁智勇"③。"要救中国目前反覆虚伪，浮夸凌乱的风气，惟有齐之于礼，使民能崇信；要救中国目前浇薄残忍，冷酷自私的风气，惟有示之于义，使民能兴仁；要救中国目前贪婪放浪，义利不分的恶习，惟有砥之以廉，使民能有辨别真正是非的智慧；要救中国目前怯懦苟且，堕落消沉的恶习，惟有励之以耻，使民能有感激效命，牺牲奋斗的勇气。"④体用结合，丰富了"国之四维"

---

① 萧继宗主编，中国国民党中央委员会党史委员会编辑：《新生活运动史料》，《革命文献》（第六十八辑），台北：中国国民党中央委员会党史委员会，1975年，第42页。
② 同上。
③ 潘念之主编，华友根著：《中国近代法律思想史》（下册），上海社会科学院出版社，1993年，第11页。
④ 张其昀：《先"总统"蒋公全集》（第一册），台北："中国"文化大学出版部，1984年，第839-840页。

的内涵，并切合国家当时的现实境况，使高度抽象的精神理想得以"落地"实施。其四，蒋介石将"礼义廉耻"传统道德古为今用，并在阐发过程中注重易于国民接受。他重新阐释"礼义廉耻"，语言简洁清晰、通俗易懂，利于国民在日常生活中真正运用。他在自己的生活中亲自示范，对引领社会风气、移风易俗起到了一定的作用。他还根据时局变化做出补充阐释，激发并有效引导了国民的爱国热情。其五，蒋介石发起"新生活运动"、倡导"礼义廉耻"的深层次原因在于对中国人国民性的判断，他希冀以此塑造国人坚毅的精神，特别是向士兵和军官灌输对民族大义和热血奉献的精神。事实上也确实达到了一定的效果，约瑟夫·史迪威将军曾评论，在抗日战争期间，大部分中国人继续展现出传统的积极人生观，相比邻国人民而言，中国人更积极乐观，对生活抱有信心和目标①。

"礼义之邦"的文献考证

"礼义之邦"一词大概最早出现在唐代房玄龄等人所撰的《晋书》中，并出现了两次，一次是卷一百十四《苻坚载记下》："西戎荒俗，非礼义之邦。羁縻之道，服而赦之，示以中国之威，导以王化之法，勿极武穷兵，

---

① ［美］陶涵著，林添贵译：《蒋介石与现代中国》，中信出版社，2012年，第163-164页。

过深残掠。"另一次是卷一百十五《苻丕载记》："不图中州礼义之邦,而卿门风若斯。卿去老母如脱屣,吾复何论哉!"这两句话还可向前追溯至《十六国春秋》,但因传世的《十六国春秋》均非原书,且皆参照了《晋书》,因此以《晋书》为准更加稳妥。通过这两句话的比对可见,最初的"礼义之邦"是指"中州","中州"是"礼义之邦",而"西戎"不是"礼义之邦"。"历史上的'中国',最初之义为'中央之城',即周天子所居之王畿;后来又用来指'中原',引申为中原王朝。其近义词有'中土''中州''中夏'等。"① 古代居住于广义中原地区的人群自称华夏,把四方的各部落,称为东夷、西戎、南蛮、北狄。"中州"则是九州之中、华夏之中,又称"中华""中土""中原",可见最早的"礼义之邦"是指此地。

自此之后历代典籍中多见"礼义之邦"一词,有时也作"礼义之国""礼义之朝""礼义之乡"等,它们的含义是一致的,其中"礼义之乡""礼义之国"的出现更可以追溯至《史记》《汉书》。还有时虽然只有"礼义"二字,但显然是指地域的特征。

与《晋书》中两度出现的"礼义之邦"所指相同的还有:

---

① 黄兴涛:《重塑中华:近代中国"中华民族"观念研究》,北京师范大学出版社,2017年,第10页。

蛮夷习俗虽殊于礼义之国,然其欲避害就利,爱亲戚,畏死亡,一也。(《汉书·赵充国辛庆忌传》)

夫中国天下腹心,贤士之所总,礼义之所集,财用之所殖也。(汉桓宽《盐铁论》)

身出礼义之乡,而入无知之俗,违弃君亲之恩,长为蛮夷之域,伤已!(《文选·答苏武书》)

我闻海西有大隋,礼义之国,故遣朝贡。我夷人,僻在海隅,不闻礼义,是以稽留境内,不即相见。今故清道饰馆,以待大使,冀闻大国惟新之化。(《隋书·东夷列传》)

安可以礼义之朝,法胡虏之俗?(《新唐书·宋务光传》)

是以先王之政,叛则讨之,服则怀之,处之四裔,不使乱礼义之邦而已。若乃视之如草木禽兽,不分臧否,不辨去来,悉艾杀之,岂作民父母之意哉!(《资治通鉴·汉纪》)

卿是秦民,吾是卿君,卿起兵应贼,自号"义兵",何名实之相违也?古人求忠臣必于孝子之门,卿母在城,弃而不顾,吾何有焉!今人取卿一切之功则可矣,宁能忘卿不忠不孝之事乎!不意中州礼义之邦,乃有如卿者也!(《资治通鉴·晋纪》)

惟王久慕华风,素怀明略,效忠纯之节,抚礼义之邦。(《宋史·高丽传》)

甚累国体,遂使中国礼义之邦。为人臣者失尊君之道,取笑夷狄。其为辱命,莫甚于此。(《历代名臣奏议·谨名器》)

及庆裔等进国书,因跪奏曰:"皇帝遣臣来言,贵朝海上之使,屡来本国,共议契丹,已载国书。中国礼义之乡,必不爽约。"(《续资治通鉴·宋纪》)

岂尔国素称礼义之邦,独违越于德化之外哉?(《清史稿·属国传》)

今袄教小丑,蔑视中华礼义之邦,一旦天怒贯盈,当复有嘉庆五年四月事。(清陈康祺《郎潜纪闻初笔》卷七)

除此之外,"礼义之邦"有时还特指某些具体地方。例如鲁地,"周礼尽在鲁矣!"秦朝末年刘邦举兵围鲁时,"鲁中诸儒尚讲诵习礼乐,弦歌之音不断,岂非圣人之遗化,好礼乐之国哉",他和将士大为感叹,视鲁为"守节礼义之国"。入汉,韦贤说:"济济邹鲁,礼义唯恭。诵习弦歌,于异他邦。"《史记》卷六十《三王世家》:"生子当置之齐鲁礼义之乡,乃置之燕赵,果有争心,不让之端见矣。"唐刘禹锡《刘宾客文集》卷十五《为裴相公贺册鲁王表》:"既示之以君亲之道,又锡以礼义之邦,寰海闻风,室家相庆。"宋吕祖谦《东莱别集》卷十三《二年春公会戎于潜》:"鲁号为礼义之邦。"宋魏天应《论学绳尺》卷八《汉诸儒修艺文如何》:"惟圣贤之余化深浃乎礼义之邦(指齐鲁二邦),而考古好学实出于天性之自然(指齐鲁诸儒天性纯笃),故其前后相承源流如一。"宋熊禾撰《勿轩集》卷五《建同文书院上梁文》:"天地判而人文兴,河洛乃图书之府;孔孟生而师道立,邹鲁为礼义之邦。"元郑洪《素轩集》卷十一《双桂轩诗序》:"齐鲁礼义之邦,圣贤遗泽,虽千载而未泯。"明王臬《迟庵先生集》文集卷二:"齐鲁素称礼义之邦,东昌尤为文献之薮。"清名教中人《侠义风月传》第三回:"山东乃人物之地,礼义之邦,多生异人,莫若往彼一游,或有所遇。"

例如浙江。元刘诜《桂隐文集》卷二《送贺元忠赴越州庙山巡检》:"浙东西礼义之邦,大夫士之仕宦与潜处者,皆宗程朱而慕欧曾。"明宋濂《文宪集》卷五《八咏楼诗纪序》:"婺为礼义之邦,士君子世惇诗书,心存忠信。往往勇于自治而不暇责人,稍有寸善扬之唯恐不亟,况休文尝为民上者欤。古所谓居其邦不非其大夫者,独吾婺之为然欤!"明童冀《尚絅斋集》卷二《金华集下》:"婺为礼义之邦,……吾婺礼义之邦,要非五代所可及也与。"

例如江苏吴县。明钱谷《吴都文粹续集》卷四:"吴为礼义之邦,自言偃北学于圣人,而吴知有圣贤之教。由周而降,天下未尝无乱也。"

例如广西柳州。明王守仁《王阳明集》卷二十九《送李柳州序》:"故柳虽非中土,至其地者,率多贤士。是以习与化移,而衣冠文物,蔚然为礼义之邦。"

例如福建建阳。宋熊禾撰《勿轩集》卷四《代母梅庵题考亭书院祀田疏》:"此邑称兹弦歌礼义之邦。睠今考亭,视昔阙里,千秋万古,世守竹林一亩之祠;四海九州,人知晦庵四书之学。"

例如江西吉州。《苍霞草续》卷五《吉水高塘家谱序》:"吉州礼义之邦,而王氏代有哲人见。"

虽然典籍中绝大部分"礼义之邦"是指中国或中国的某些地区,但有时也指他国。例如元代程文海撰《雪楼集》卷十八《大庆寿寺大藏经碑》云:"东南海滨之国高句丽,古称诗书礼义之邦,奉佛尤谨。"明茅元仪《石民四十集》卷六十四《志引·四夷》:"朝鲜世为礼义之邦,然积弱易降,不可相倚。"《皇明经济文录》卷三十三《辽东》:"朝鲜国在辽阳之东,以鸭绿江为界。……其国置八道分统府州郡县,盖礼义之邦。"《清史稿》卷五百二十六《属国列传》:"朝鲜国王奉事我朝,小心敬慎。其国闻有八道,北道接瓦尔喀地方土门江,东道接倭子国,西道接我凤凰城,南道接海外,尚有数小岛。太宗平定朝鲜,国人树碑于驻军之地,颂德至今。当明之末年,彼始终服事,未尝叛离,实属重礼义之邦,尤为可取。"

典籍中"礼义之邦"一词频繁出现,而"礼仪之邦"则几无一例,因此王能宪先生据此指出"今天滥用'礼仪之邦'是毫无根据和不合逻辑的严重错误"[①],并同时厘清了"义"与"仪"通假和古今字关联的问题。《说文解字》释"义"(義)曰:"己之威仪也。从我、羊。"释"仪"(儀)曰:"仪,度也。"《说文解字注》云:"古者威仪字作义,今仁义字用之;仪者,度也,今威仪字用之;谊者,人所宜也。今情谊字用之。"[②] 由此可知,"当其含义有了明确的分工(即上文所引段玉裁所谓"仁义字"与"威仪字"之分)之后(这种"分工"甚早,段氏只不过作了总结而已),它们的意义范畴是清晰而从不混淆的"[③]。"礼义"作为人伦精神的全体,其内涵深于"礼仪",外延大于"礼仪",层次高于"礼仪",而"礼仪"只是涵盖在"礼义"中的一个部分,"礼仪"应合于"礼义"。纪晓岚云:"盖礼者理也,其义至大,其所包者至广。"从这个角度看,中国是"礼义之邦"还是"礼仪之邦",也可一目了然。金正昆教授在谈及当代中国的礼仪教育时,根据"礼之所尊,尊

---

① 王能宪:《"礼仪之邦"还是"礼义之邦"》,载《粤海风》,2013年第1期,第3—7页。
② 〔清〕段玉裁:《说文解字注》,中华书局,2013年,第639页。
③ 王能宪:《"礼仪之邦"还是"礼义之邦"》,载《粤海风》,2013年第1期,第3—7页。

其义也"提出了五大基本理念，即自尊自爱的理念、遵守规范的理念、与人合作的理念、有效沟通的理念和维护形象的理念①。这五大理念也正应转化为"礼义之邦"每一个个体所需具备的基本素质。

从古代至近代，有识之士将"礼义"奉为圭臬，乃至成为中华民族的基本价值观。虽然"礼义"兼具政治与道德的双重意义，长期被统治者用于维护统治秩序，但同时我们不能否认它对社会发展和道德建设发挥的积极意义。正如卢梭所说："那些想把政治与道德分开论述的人，于两者中的任何一种都将一无所获。"② 重要的是，如何在前人创新的基础上继续实现其创造性转化，使其成为对人的契约、对己的信念、对事的态度、对利的平衡，成为当代社会高尚道德、独立人格和人的全面发展的指引。这才是为"礼义之邦"正名的关键。

---

① 金正昆：《传播学视角下的中国当代礼仪教育研究》，载《中国人民大学教育学刊》，2017年第2期，第159–169页。
② ［法］卢梭：《社会契约论》，商务印书馆，1980年，第7页。

"礼"与"乐":如何理解礼乐文明?

"礼乐"和"文明"二词早在孔子的弟子子夏所著的《子夏易传》《诗序》中就已经出现,而这两个词组合成的"礼乐文明"大概直到宋代才出现在文献中,《嵩山文集》云:"学者同尊孔氏,法诗书,躬仁义,不知俗学之目何自而得哉。建隆以来礼乐文明焕然,大备皆诸儒之力也"[1],"诸公皆尊孔氏,以振我国家礼乐文明之风者"[2]。

今天的一些文艺演出特别是在民乐、戏曲演出上,主持人常常会讲到"礼乐文明",有时还直接以"礼乐文明"作为晚会主题。音乐家们新创的古风歌曲,也不时被冠上"礼乐文化"的称号。事实上,将"礼乐"之"乐"等同于今天所说的音乐,或是仅仅等同于民乐、古风音乐,皆是一大误区。今天的音乐是指一种艺术形式以及艺术感染力的表达,而"礼乐"作为一种制度,此"乐"强调伦理道德教化对于社会秩序的"统同"功能,并通过诗、歌、舞等多种形式来实现。虽然其中有音乐的成分,但这种音乐是特定的,而不是任何一种音乐都能够

---

[1] 〔宋〕晁说之撰:《嵩山文集》,台北:台湾商务印书馆股份有限公司,1981年,第243页。

[2] 同上,第283页。

纳入"礼乐"的范围。同时,"礼乐"之"礼"也并非仅为礼节。孔子曰:"礼云礼云,玉帛云乎哉?乐云乐云,钟鼓云乎哉?"就是指"礼乐"不仅是形式化的东西,而是有深层次的内涵。试想,如果"礼乐文明"就是礼节和音乐的文明,那么世界上哪种文明中没有礼节和音乐呢?那么"礼乐文明"究竟是一种什么样的文明呢?

"乐"及其功能

"乐者,乐也。"古人并不讳言"乐"就是娱乐,不过他们将不同人的娱乐划分为高下不同的道德境界。"君子乐得其道,小人乐得其欲。"君子的娱乐可以提高道德层次,而普通人的娱乐只是满足欲望。"夫乐者,乐也,人情之所不能免也。""乐"作为娱乐本身就是人之情感和欲望的产物,"故人不能无乐"。但人的情感、欲望需要节制,而不可任其宣泄。"论伦无患,乐之情也;欣喜欢爱,乐之官也。"符合伦理道德而无害,是"乐"的情理;欣喜欢爱,是"乐"的职能。

德者,性之端也。乐者,德之华也。金石丝竹,乐之器也。诗,言其志也;歌,咏其声也;舞,动其容也。三者本于心,然后乐气从之。是故情深而文明,气盛而化神,和顺积中而英华发外,唯乐不可以为伪。

《礼记·乐记》中的这段话中包含多重含义。其一，道德性是"礼乐"之"乐"的根本属性，"乐"是"德"的精华。其二，诗、歌、舞都归属于"乐"的范畴，"声相应，故生变，变成方，谓之音。比音而乐之，及干戚羽旄，谓之乐"，"声"互相应和，产生变化，变化形成规律，就是"音"，而用乐器将排比音节演奏出来，再配合舞蹈，才是"乐"，可见"乐"是综合性的艺术表现形态。其三，"乐"与人的内心有着直接的联系，是内心情感外化的反映，"凡音之起，由人心生也"，诗、歌、舞"本于心"，那么"乐"所表达出来的喜怒哀乐等情感就是真实的，而不是伪装出来的。

郭沫若进一步放大"乐"的范围，他认为，"乐"不仅包括音乐、诗歌、舞蹈，还包括绘画、雕镂、建筑等造型艺术，甚至连仪仗、田猎、肴馔等都可以涵盖[①]。许兆昌教授则从"樂"字的初始构形进行分析，探讨了"樂"的原始内涵，认为乐舞是一种原始的医疗方式。"'樂'，本即'藥'字。由于乐舞在远古时期是一种重要的医疗方式，因此这一文化现象遂也被冠名为'樂（藥）'，并在意义日益加强之后独占'樂（藥）'字，使'樂'字成为乐舞之乐的单称。而原来的药物之'樂'，则另加一义符，成为后来的'藥'字。至于'樂'

---

① 郭沫若：《青铜时代》，中国人民大学出版社，2005年，第141页。

字的另一意义——快乐之'樂',当是在乐舞之'樂'的基础上进一步衍生出来的。"①

　　古人认为"声"与"音"是两个不同的概念。"凡音者,生于人心者也。乐者,通伦理者也。是故知声而不知音者,禽兽是也。知音而不知乐者,众庶是也。唯君子为能知乐。"②由此可知,"声"是禽兽就懂的,"音"是民众能懂的,而"乐"则是君子才懂的。

　　魏文侯问于子夏曰:"吾端冕而听古乐,则唯恐卧;听郑、卫之音,则不知倦。敢问古乐之如彼何也?新乐之如此何也?"子夏对曰:"今夫古乐,进旅退旅,和正以广;弦匏笙簧,会守拊鼓;始奏以文,复乱以武;治乱以相,讯疾以雅;君子于是语,于是道古,修身及家,平均天下。此古乐之发也。今夫新乐,进俯退俯,奸声以滥,溺而不止;及优侏儒,獶杂子女,不知父子;乐终,不可以语,不可以道古。此新乐之发也。今君之所问者乐也,所好者音也。夫乐者,与音相近而不同。"(《礼记·乐记》)

魏文侯问子夏,为何自己一听古乐就犯困,而听郑、卫

---

① 许兆昌:《"樂"字本义及早期樂与藥的关系》,载《史学月刊》,2006年第11期,第20—24页。
② 王文锦译解:《礼记译解》,中华书局,2016年,第473页。

两国的新乐则兴奋不知疲倦。子夏就是从道德境界的角度，对"音"与"乐"做出了区分，将郑、卫的新乐贬为"音"，说魏文侯所问的是"乐"，而所好的只是"音"，二者虽然相近，但境界却是不同的，因此不可混淆。在此，问题的关键不在于魏文侯因喜"音"不喜"乐"而沦为众庶的道德境界，而在于"声音之道与政通"，"音"与"乐"都是政治的反映。

凡音者，生人心者也。情动于中，故形于声，声成文，谓之音。是故治世之音安以乐，其政和；乱世之音怨以怒，其政乖；亡国之音哀以思，其民困。声音之道与政通。宫为君，商为臣，角为民，徵为事，羽为物。五者不乱，则无怗懘之音矣。宫乱则荒，其君骄；商乱则陂，其官坏；角乱则忧，其民怨；徵乱则哀，其事勤；羽乱则危，其财匮。五者皆乱，迭相陵，谓之慢。如此则国之灭亡无日矣。郑、卫之音，乱世之音也，比于慢矣。桑间、濮上之音，亡国之音也，其政散，其民流，诬上行私而不可止也。（《礼记·乐记》）

儒家之"乐"有自"辨异"到"统同"功能的变化过程，儒家以"乐"之五音宫商角徵羽象征君臣次第关系，正是早期"乐"的"辨异"功能的体现。"宫必为君，而不可下于臣；商必为臣，而不可上于君；角民、徵事、羽物，各以次降杀"①，"礼乐"与"俗乐"的区别正在于此。内心的情感活动表现在"声"，"声"形成文理，就是"音"。政治是由人为的，而人心中的情感反映在"音"上，便有了治世之音、乱世之音与亡国之音之分。"濮上之音"就是亡国之音的一种，《韩非子》中有一则晋平公好"濮上之音"的典故。

奚谓好音？昔者卫灵公将之晋，至濮水之上，税车而放马，设舍以宿。夜分，而闻鼓新声者而说之。使人问左右，尽报弗闻。乃召师涓而告之曰："有鼓新声者，使人问左右，尽报弗闻。其状似鬼神，子为我听而写之。"师涓曰："诺。"因静坐抚琴而写之。师涓明日报曰："臣得之矣，而未习也。请复一宿习之。"灵公曰："诺。"因复留宿，明日而习之，遂去之晋。晋平公觞之于施夷之台。酒酣，灵公起曰："有新声，愿请以示。"平公曰："善。"乃召师涓，令坐师旷之旁，援琴鼓之。未终，师旷抚止之，曰："此亡国之声，不可遂也。"平公曰："此道奚出？"师旷曰："此师延之所作，与纣为靡靡之乐也。及武王伐纣，师延东走，至于濮水而自投，故闻此声者，必于濮水之上。先闻此声者，其国必削，不可遂。"平公曰："寡人所好者音也，子其使遂之。"

---

① 〔清〕孙希旦撰，沈啸寰、王星贤点校：《礼记集解》，中华书局，1989年，第979-980页。

师涓鼓究之。平公问师旷曰："此所谓何声也？"师旷曰："此所谓清商也。"公曰："清商固最悲乎？"师旷曰："不如清徵。"公曰："清徵可得而闻乎？"师旷曰："不可。古之听清徵者，皆有德义之君也。今吾君德薄，不足以听。"平公曰："寡人之所好者音也，愿试听之。"师旷不得已，援琴而鼓。一奏之，有玄鹤二八道南方来，集于郎门之垝；再奏之而列；三奏之，延颈而鸣，舒翼而舞，音中宫商之声，声闻于天。平公大说，坐者皆喜。平公提觞而起，为师旷寿，反坐而问曰："音莫悲于清徵乎？"师旷曰："不如清角。"平公曰："清角可得而闻乎？"师旷曰："不可。昔者黄帝合鬼神于西泰山之上，驾象车而六蛟龙，毕方并辖，蚩尤居前，风伯进扫，雨师洒道，虎狼在前，鬼神在后，腾蛇伏地，凤皇覆上，大合鬼神，作为清角。今主君德薄，不足听之。听之，将恐有败。"平公曰："寡人老矣，所好者音也，愿遂听之。"师旷不得已而鼓之。一奏而有玄云从西北方起，再奏之大风至，大雨随之，裂帷幕，破俎豆，隳廊瓦，坐者散走。平公恐惧，伏于廊室之间。晋国大旱，赤地三年。平公之身遂癃病。故曰："不务听治，而好五音不已，则穷身之事也。"（《韩非子·十通》）

师旷阻止师涓演奏完"濮上之音"以避免"其国必削"，而晋平公却以"寡人之所好者音也"为由执意坚持演奏，并要求师旷演奏与自身之"德"不相配的"清徵""清角",最终招来"晋国大旱,赤地三年。平公之身遂癃病"的结局。

"礼"与"乐"的关系

"礼"与"乐"连属成词谓之"礼乐",并被上升到文明的高度,可见在先人的思想里二者是一对紧密相关、不可分割的概念。也正是因为符合"礼"的等级秩序要求,"乐"才脱离乐舞的单一含义,而与"礼"共同成为一种体制。二者相异、相融又相辅相成,共同起到教化道德伦理与维护尊卑秩序的作用。

其一,"礼""乐"相异。《荀子·乐论》云:"乐合同,礼别异。"《礼记·乐记》云:"乐统同,礼辨异。"又云:"乐者为同,礼者为异。"可见二者功能作用不同,"乐"使事物调和一致,而"礼"使事物分别等级。儒家既承认"物之不齐,物之情也",即事物之间存在差别的客观事实,又致力于以"礼"来使"贵贱有等,长幼有差,贫富轻重皆有称者也",即规范事物的秩序,同时认为差别秩序造成的疏离需要"乐"来调和,因为"乐在宗庙之中,君臣上下同听之则莫不和敬;在族长乡里之中,长幼同听之则莫不和顺;在闺门之内,父子兄弟同听之则莫不和亲。故乐者,审一以定和,比物以饰节,节奏合以成文,所以合和父子君臣,附亲万民也。是先王立乐之方也"①。

但是"礼"与"乐"的分工并非与生俱来，早期儒家的"礼"与"乐"是不分的、一体的，在祭祀、朝聘、燕礼等礼仪中，"乐"都是必不可少的组成部分。

两君相见，揖让而入门，入门而县兴；揖让而升堂，升堂而乐阕，下管《象》《武》，《夏》龠序兴，陈其荐俎，序其礼乐，备其百官，如此而后君子知仁焉。行中规，还中矩，和鸾中《采齐》，客出以《雍》，彻以《振羽》，是故君子无物而不在礼矣。入门而金作，示情也。升歌《清庙》，示德也。下而管《象》，示事也。是故古之君子不必亲相与言也，以礼乐相示而已。（《礼记·仲尼燕居》）

从对两国国君会面的情景描述中可以看出当时"礼""乐"不分的状况，因此"古之君子不必亲相与言也，以礼乐相示而已"。那时，作为"礼乐"一体的"乐"，与"礼"一样具有"辨异"的功能，而尚未体现出"统同"的功能。因此，各种诚敬祥和的"乐"用于"所以官序贵贱各得其宜也，所以示后世有尊卑长幼之序也"，即可以用来区分官职高低、身份贵贱使之各得其宜，可以用来昭示后世使人们懂得尊卑长幼的次序。从"辨异"到"统同"，

---

① 王文锦译解：《礼记译解》，中华书局，2016年，第502页。

儒家赋予"乐"新的功能经历了一个相当漫长的过程。直到孟子向齐宣王提出"独乐乐，与人乐乐，孰乐？"之问，"乐"才初现"统同"的功能。战国末期荀子以"乐合同，礼别异"明确了"礼"与"乐"的不同分工。《乐记》甚至将"礼""乐"的不同看作天地之别，"乐由天作，礼以地制"，"乐者敦和，率神而从天；礼者别宜，居鬼而从地。故圣人作乐以应天，制礼以配地"。

其二，"礼""乐"相融。"礼""乐"虽然具有了不同的功能分工，但二者的性质始终是一致的，都属于政治体制和道德伦理的范畴，都是维护社会秩序的工具。基于"礼""乐"性质的一致，二者的目的也是一致的，那就是君王的大治正道，《乐记》将其表述为："故礼以道其志，乐以和其声，政以一其行，刑以防其奸。礼乐刑政，其极一也，所以同民心而出治道也"，"礼节民心，乐和民声，政以行之，刑以防之。礼乐刑政，四达而不悖，则王道备矣"。

"礼"与"乐"都强调"中""和"。"礼之用，和为贵，先王之道，斯为美；小大由之。有所不行，知和而和，不以礼节之，亦不可行也。"[1] 有人将其中"和"字解释为和平、和气，并由此论断礼仪就是要求人切忌棱角分明，应做个八面玲珑的"老好人"。这实在是天

---

[1] 杨伯峻译注：《论语译注》，中华书局，2007年，第10页。

大的误解。《中庸》开篇云："喜怒哀乐未发谓之中，发而皆中节谓之和。中也者，天下之大本也；和也者，天下之达道焉。致中和，天地位焉，万物育焉。"不难看出"中"为节制、克制，"和"为适当、恰当。关于这一点，杨树达先生在《论语注疏》中对"和"有精准的论述："乐调谓之龢，味调谓之盉，事之调适者谓之和，其义一也。和今言适合，言恰当，言恰到好处。"① 万物皆要适当，包括"礼"与"乐"之间的关系也要适当。"过制则乱，过作则暴"，"礼"与"乐"二者不可偏废。倘若只重视一方而忽视另一方，就会出现"乐胜则流，礼胜则离"的状况，因此"礼异"与"乐同"必须并举，否则就会造成"流""离"等社会动荡。当然，这种恰到好处的"和"是一种极高的在一定程度上难以企及的要求，特别是这种要求缺少具体标准，现实情况又千差万别，从而给实施者提出了高难度的课题。

"礼""乐"相融还体现在二者与"仁""义"的关系上。"仁近于乐，义近于礼。"荀子讲"仁内义外"，《乐记》讲"乐内礼外"，即"乐自中出，礼自外作。""乐"与"礼"的内在一致性，正如"仁"与"义"之统一。在"天"和"仁"的加持下，"乐"的地位甚至超过了"礼"，但实际上"礼"始终主宰着"乐"的精神，由此造就了"二

---

① 杨树达：《论语疏证》，上海古籍出版社，2013年，第28页。

者并行，合为一体"。

其三，"礼""乐"相辅相成，互相作用。一方面，以"礼"节"乐"。子曰："礼也者，理也。乐也者，节也。"这句经典多被译解为"礼就是理，乐就是节"，但不如理解为"礼是遵循道理的，乐是有所节制的"更为恰当。因为"乐"表达人的内心情感，而情感如果不加以节制，就会成为穷尽人欲的方式，而这种节制来自于"礼"。"若无礼，则……乐失其节"，"礼所以节乐，而乐之节制不过者即礼也"。"乐"的尊卑有序如何维持，显然要与"礼"所要求的秩序保持一致，从而"使亲疏、贵贱、长幼、男女之理皆形见于乐"。

另一方面，以"乐"和"礼"。"乐者为同，礼者为异。""礼义立，则贵贱等矣。乐文同，则上下和矣。""礼"的尊卑秩序所造成的人与人的等级差别，要靠"乐"的"合同"功能来调和，使有分别的秩序有条不紊，"乐所以和礼，而礼之从容不迫者即乐也"。当然"礼乐"并不限于人际之间，还适用于天地万物之间，"乐者，天地之和也。礼者，天地之序也。和，故百物皆化；序，故群物皆别"，"大乐与天地同和，大礼与天地同节。和故百物不失，节故祀天祭地"，古人认为天地万物皆有等级秩序，都需要节制且都需要调和。《乐记》中关于"礼乐"与天地自然相联系的论述，与《周易·系辞》的内容多有相通，可见这种思想受到《周易》的影响。

重新认识"礼乐文明"与"礼崩乐坏"

"周公摄政,一年救乱,二年克殷,三年践奄,四年建侯卫,五年营成周,六年制礼作乐,七年致政成王。"[1]史书上的周公是品性高贵、聪明睿智、谦逊有礼、抱负远大的政治家、军事家、哲学家。周公摄政"制礼作乐"的丰功功绩尽人皆知,可周公为何要"制礼作乐"?如果今人仅仅将"礼"解释为礼节礼貌、"乐"解释为音乐,那便误将周公"制礼作乐"的目的和过程简单化、浪漫化了,显然与"救乱"、"克殷"、"践奄"、实行分封制、营建都城这些战争、政治事件难以并提。周公"制礼作乐"的目的非常明确,就是为了维护宗法等级制度。"礼"与"乐"并非因周公才有,而是早在人类社会之初就已逐渐产生。"周监于二代,郁郁乎文哉!吾从周。"孔子的话说明其所推崇的周朝宗法制、礼乐制度是自夏、商"二代"传承而来并加以完备的。而周公"通过'礼器'不同的配备与使用,使以'宗法制'这一基础性和根本性的治国原则,在日常生活中也能够得到方便而可行的操控。这样,本来在社会成员中具有制度共享性的'礼',就被人为地割裂开来,并按照'礼'的等级规范,对社

---

[1] 刘殿爵编辑:《尚书大传逐字索引》,商务印书馆(香港)有限公司,1994年,第20页。

会结构进行重新规划和界定，从而使'礼'的社会属性形成了向政治属性的转换"①。

欧洲中世纪的封建制与我国西周的封建制有所不同。欧洲封建主和国王之间未必以血缘关系为纽带，是一种基于权利与义务的共生关系。查理·马特改革中有一句经典名言流传后世："我的附庸的附庸，不是我的附庸。"它指的是欧洲各级封建主之间只效忠于直接上级，隔级之间无效忠关系。而西周的封建制主要是在家族内部依靠血缘关系，按嫡长继承的原则，以亲疏远近分配权力。在王朝层面，嫡长为天子即大宗，余子封为诸侯即小宗；在诸侯层面，嫡长继承爵位为大宗，余子封为卿大夫即小宗；在卿大夫层面，嫡长继承爵位为大宗，余子成为士即小宗；这种权利分配结构到士为止，士是贵族阶级的最底层，不再分封。如此在全国范围内形成了以天子为根基的宗法系统，也就是说掌握权力的贵族全都是一家人，真正实现了"溥天之下，莫非王土；率土之滨，莫非王臣"。这套宗法制度就是后来社会普遍奉行的所谓"五服""九族"制度。

周公的"礼乐"就是维护这种"家天下"模式的手段和工具。当时的"乐"作为"礼器"之一，只是"礼"的附庸，同样体现了等级规范，亦即前述早期儒家之"乐"

---

① 殷志：《"礼乐制度"：华夏文化核心元素的生成及建构》，载《中华文化论坛》，2018年第8期，第126-134页。

具有与"礼"一样的"辨异"功能。例如,西周的王侯贵族在举行祭祀、宴享、朝聘、婚冠等社会活动时,其可享用的乐舞规模及其形制,必须按照"天子用八,诸侯用六,大夫四,士二"的要求执行。古时一佾指一行八人,八佾即八行六十四人。只有为天子舞蹈奏乐才可用"八佾",并且呈正方形。到春秋末期"礼崩乐坏"的时代,有些位高权重的诸侯、大夫敢于僭越周礼,自行其是,越制享受。这表明周天子已经失去权威性以及控制诸侯、卿大夫的实际能力。在《论语》中,孔子一方面维护周礼,批判诸侯、大夫僭越乐制的情况。例如,"孔子谓季氏,'八佾舞于庭,是可忍也,孰不可忍也?'",以及"三家者以《雍》彻",即仲孙、叔孙、季孙祭祀时唱着天子才能使用的《雍》。但圣人也无法继续维持周礼,"礼崩乐坏"乃大势所趋。另一方面,随着"乐"面临的危机和挑战持续加重,无法再承担"辨异"的功能,孔子也逐渐开始赋予它"统同"的功能,并使它成为个人修为、君子人格的标准,于是有"兴于诗,立于礼,成于乐"。之后,孟子、荀子等继承并进一步发展了孔子"礼""乐"分工的思想。

对于统治者来说,秩序与和谐是维护统治的重要前提。没有秩序就会陷入混乱,没有和谐人心就会涣散,就会造成统治危机。因此,儒家将"礼"与"乐"作为治国安邦的支柱,并不断试图将这一思想推销给统治者。

当等级秩序被打破，僭越"礼乐制度"的情况频现，儒家便痛心疾呼"从周""复礼"。

"礼崩乐坏"并非只表现在诸侯、大夫僭越乐制的情况，周天子失礼于诸侯的事件也多有发生，仅从《左传》便可略知一二。《隐公元年》："秋七月，天王使宰咺来归惠公、仲子之赗。缓，且子氏未薨"，周平王逾期馈赠助丧之物，且仲子未死而得助丧之物，"豫凶事，非礼也"。《隐公六年》："郑伯如周，始朝桓王也。王不礼焉。"《桓公十五年》："十五年春，天王使家父来求车，非礼也。诸侯不贡车服，天子不私求财。"

"礼崩乐坏"是由分封制自身的特点所导致的，因为当待分封者越来越多而包括王室在内的大宗难以扩张领土的时候，大宗就不得不自削封地以满足分封，这就削弱了大宗的实力，导致分封制和宗法制遭到严重破坏，"礼崩乐坏"成为大势所趋，"周之败端其在乎此矣"。

儒家大力推崇西周的"礼乐制度"，给后世制造了一种依靠"礼乐制度"便可长治久安的完美幻象。实际上"礼乐制度"完备的西周只维持了270多年，与前朝殷商相比尚不足一半，这从侧面说明以"礼乐制度"来维护统治是软弱无力的，远远达不到追求秩序与和谐的目标。这也是儒家在春秋战国时期不太受欢迎的原因。当然，"礼崩乐坏"并非周覆灭的根本原因，而只是走向衰落的文化表征，用柳宗元的话来说"周之丧久矣"。

从另一个角度来看，重新认识"礼乐文明"也需要重新认识"礼崩乐坏"。首先，"礼崩乐坏"不是春秋时期的特有现象。《论语·阳货》中宰我认为"三年之丧"为期太久，会导致"君子三年不为礼，礼必坏；三年不为乐，乐必崩"。《宪问》中子张与孔子的问答则说明"三年之丧"早在殷商乃至更早就已经存在，因此宰我针对"三年之丧"而提出的"礼崩乐坏"并非专指春秋时期，而是"不为礼""不为乐"达到一定时长的结果。"礼崩乐坏"在《汉书》《晋书》《隋书》《全唐文》等文献中皆有使用，但总体上在典籍中出现的次数不多，所指也并非全为春秋时期。例如，《汉书·艺文志》云："迄孝武世，书缺简脱，礼坏乐崩，圣上喟然而称曰：'朕甚闵焉！'"此处指汉兴以来至汉武帝初期"礼坏乐崩"。又如章太炎在《与简竹居书》说："中唐以来，礼崩乐坏，狂狡有作，自己制则，而事不稽古。"[1]这里指的是自魏晋南北朝以来，随着道教和佛教的广泛传播，导致儒学的正统地位进一步被削弱。

　　其次，春秋时期"礼崩乐坏"并非后世再无"礼乐"。"礼，时为大。"作为社会制度支撑的"礼乐"，随着朝代更迭不断崩坏也不断重构，但每一次重构都要参考前朝。因此，"子曰：殷因于夏礼，所损益可知也；周

---

[1] 章太炎著，章氏国学讲习会编：《太炎文录初编　太炎文录续编》，上海书店，1991年，文录卷二，第16页。

因于殷礼,所损益可知也。其或继周者,虽百世,可知也"。而作为典礼仪式用"乐"的"礼乐"同样绵延不绝,"二十四史"中多有"乐志"与"礼乐志",虽然"五帝之不同礼,三王亦又不同乐",本朝与前朝的"礼乐"相比较总要有所差异,但总归有传承的线索和发展的脉络。

再次,不应以前朝之"礼乐"要求后世之"礼乐"。"礼崩乐坏"听起来似乎是个非常严重的词,而它原本的意思无非就是等级秩序乱了。对于贵族阶层来说,失去身份和地位自然是头等严重的大事,因此他们要"复礼"。说春秋时期"礼崩乐坏",实质上崩坏的是西周的"礼乐",是试图将西周的"礼乐"标准在春秋时期延续而不可行。既然分封制已经被时代所抛弃,旧制度已经走向衰落,"礼乐"还有什么不可僭越的呢？相反,恰恰正是春秋战国时期出现了不同学派争芳斗艳的局面,成为中国历史上思想和文化最为辉煌灿烂、群星闪烁的时代。人们常常觉得"礼崩乐坏"是坏时代,同时又公认"百家争鸣"是好时代,将它们割裂开来而不是关联起来看待,事实上二者都发生在东周,同处一个时代。也正是在这个时代,儒家将"礼"与"乐"在伦理道德、国家管理、社会治理、个人修养等各个方面的地位都提高到前所未有的高度。

寻找《乐经》

说到"礼"和"乐",人们会想到古代的两部典籍《礼》与《乐》,二者皆被列入"六经"之中。《庄子·天运》:"孔子谓老聃曰:'丘治《诗》《书》《礼》《乐》《易》《春秋》六经。'"

"六经"是儒家的基本典籍。《韩诗外传》云:"儒者,儒也,儒之为言无也,不易之术也。千举万变,其道不穷,六经是也。"《抱朴子内篇·明本》云:"儒者,周孔也,其籍则六经也,盖治世存正之所由也,立身举动之准绳也,其用远而业贵,其事大而辞美,有国有家不易之制也。"①

孔子曰:"入其国,其教可知也;其为人也温柔敦厚,《诗》教也;疏通知远,《书》教也;广博易良,《乐》教也;洁静精微,《易》教也;恭俭庄敬,《礼》教也;属辞比事,《春秋》教也。故《诗》之失,愚。《书》之失,诬。《乐》之失,奢。《易》之失,贼。《礼》之失,烦。《春秋》之失,乱。其为人也,温柔敦厚而不愚,则深于《诗》者也。疏通知远而不诬,则深于《书》者也。广博易良而不奢,则深于《乐》者也。洁静精微

---

① 王明撰:《抱朴子内篇校释(增订本)》,中华书局,1985年,第188页。

而不贼,则深于《易》者也。恭俭庄敬而不烦,则深于《礼》者也。属辞比事而不乱,则深于《春秋》者也。"(《礼记·经解》)

历史上多认为"六经"的编订者是孔子。许慎说:"孔子书六经。"皮锡瑞说:"经学开辟时代,断自孔子删定'六经'为始。孔子以前,不得有经;犹之李耳既出,始著五千之言;释迦未生,不传七佛之论也。"[①] 孔子还将"六经"运用于教学。《史记·孔子世家》云:"孔子以诗书礼乐教,弟子盖三千焉,身通六艺者七十有二人。""六经"之中,孔子十分重视《礼经》与《乐经》,"三百五篇孔子皆弦歌之,以求合韶武雅颂之音。礼乐自此可得而述,以备王道,成六艺"。《论语·子罕》云:"吾自卫反鲁,然后乐正,雅颂各得其所。"但也有对孔子编订"六经"的说法提出异议者。

"六经"亦称"六籍",东汉班固《东都赋》:"盖六籍所不能谈,前圣靡得言焉。"李善注:"六籍,六经也。"晋陶潜《饮酒》诗云:"少年罕人事,游好在六经","如何绝世下,六籍无一亲"。清龚自珍《送夏进士序》:"大哉斯言!是其炳六籍,训万祀矣。"

通常认为,"六经"中《乐经》已失传,所以"六

---

① 〔清〕皮锡瑞著,周予同注释:《经学历史》,中华书局,2012年,第1页。

经"也称"五经"。关于《乐经》的亡佚,一种说法是为秦始皇焚书所烧。《宋书·乐志一》:"及秦焚典籍,乐经用亡。"刘勰《文心雕龙·乐府》:"自雅声浸微,溺音腾沸,秦燔乐经,汉初绍复。"《太平御览·学部二叙经典》:"古者以易、书、诗、礼、乐、春秋为六经,至秦焚书,乐经亡。"

但反对意见认为,《乐经》并非毁于秦火,因为史书记载博士官所职的书籍并不在焚毁之列。"史官非秦记皆烧之。非博士官所职,天下敢有藏诗、书、百家语者,悉诣守、尉杂烧之。有敢偶语诗书者弃市。以古非今者族。吏见知不举者与同罪。令下三十日不烧,黥为城旦。所不去者,医药卜筮种树之书。"[1]范文澜也认为《乐经》并非失于秦始皇"焚书",理由是"《汉书·艺文志》'六国之君,魏文侯最为好古,孝文时得其乐人窦公,献其书,乃《周官·大宗伯》之《大司乐》章也。'此乐经未经燔失之证。"[2]

《汉书·百官公卿表》记载:"博士,秦官,掌通古今,秩比六百石,员多至数十人。武帝建元五年初置五经博士,宣帝黄龙元年稍增员十二人。"自秦开始的

---

[1] 〔汉〕司马迁撰,〔南朝宋〕裴骃集解,〔唐〕司马贞索隐,〔唐〕张守节正义:《史记》(第一册),中华书局,2014年,第255页。
[2] 〔梁〕刘勰著,范文澜注:《文心雕龙注》(上),人民文学出版社,1958年版,第106页。

确设有博士官,可汉武帝时只"置五经博士",这是否意味着独缺《乐经》呢?亦或《乐经》并无博士官专管?《汉书·郊祀志》:"而使博士诸生刺六经中作《王制》,谋议巡狩封禅事。"《汉书·武帝纪》:"孝武初立,卓然罢黜百家,表章六经。"这是否又透露出汉文帝至武帝时六经皆存的信息?博士官与经书是否呈对应关系?这些难解的疑惑使得《乐经》的下落更加扑朔迷离。

　　除了关于《乐经》亡于秦始皇"焚书"的争论之外,《乐经》的研究还有很多观点。例如,有人认为《乐经》根本就没有存在过,"乐本无经也。《诗》言志,歌永言,声依永,律和声。故曰:《诗》为乐心,声为乐体。……乐之原在《诗》三百篇之中,乐之用在《礼》十七篇之中。……先儒惜'乐经'之亡,不知四术有乐,六经无乐,乐亡,非经亡也"[①]。有人认为《乐经》实为"六代乐舞","《乐经》应该特指在周代被奉为经典的、作为雅乐核心存在、所备受推崇的'六代乐舞',这里的'乐经'是'经典乐舞'的含义。如此,《乐经》之失便可释然","这种具有明确指向性、对场所与环境有着强烈依赖性、只能在国家最高祭祀中所用、作为'小众'的乐舞失传

---

① 〔清〕邵懿辰:《礼经通论》,上海:国学扶轮社,1911年版,第7-8页。

也就势在必然了"①。有人认为《乐经》即《诗经》或《诗经》的配乐，"六经缺《乐经》，古今有是论矣。愚谓《乐经》不缺，《三百篇》者，《乐经》也"②，"《诗》者，太平之《乐经》"③，"世儒尝恨六经亡乐书，然乐不可以书传也。何则乐有《诗》而无书，《诗》存则乐与之俱存，《诗》亡则乐与之俱亡。《诗》也者，其作乐之本与？乐由《诗》作，故可因《诗》以观乐，无《诗》则无乐矣"④。有人认为《乐经》即《周官·宗伯·大司乐》，"臣谨按：汉时，窦公献古《乐经》，其文与《大司乐》同，然则《乐经》未尝亡也"⑤，"《汉书》，文帝时……出其本经一篇，即今《周官·大司乐》章，则知此篇乃古《乐经》也"⑥，"古之《乐经》存其于《大司乐》，

---

① 项阳：《〈乐经〉何以失传》，载《光明日报》，2008年6月23日，第12版。
② 〔明〕朱载堉撰：《乐律全书·律吕精义内篇五》（一），〔清〕纪昀、永瑢等编纂《景印文渊阁四库全书》（第213册，经部·乐类），台北：台湾商务印书馆，2008年，第122页。
③ 〔宋〕林岊：《毛诗讲义·诗序一》，商务印书馆四库全书工作委员会编《文津阁四库全书》（第24册，经部·诗类），商务印书馆，2005年，第733页。
④ 〔清〕朱彝尊、翁方纲、罗振玉撰：《经义考·补正·校记》，中国书店，2009年，第1141页。
⑤ 〔明〕朱载堉撰：《乐律全书·乐学新说》，〔清〕纪昀、永瑢等编纂《景印文渊阁四库全书》（第214册，经部·乐类），台北：台湾商务印书馆，2008年，第1页。
⑥ 〔清〕李光地撰：《古乐经传》，中国书店，2018年，第5页。

其五声、六律、八音，《大师》以下备详其制，而六列三宫之歌奏，则六代之乐咸备焉。愚既取汉太史之所传授，宋朱、蔡之《新书》，及近代明乐之著作，详具于《大司乐》之中矣"①。有人认为"乐经"即《礼记·乐记》，"两汉相续，时代接近，证明造纬的时代的确是把《乐记》作为《乐经》的"②，"所谓六经者，《易》《书》《诗》《春秋》《礼》《乐》也。今世《乐经》不全，惟见于戴《记》中之《乐记》"③。有人认为《乐经》即乐谱，"《礼经》之仅存者犹有今《仪礼》十七篇，《乐经》则亡矣。其经疑多是声音、乐舞之节，少有辞句可读诵记识，故秦火之后无传，诸儒不过能言乐之义而已"④，"古有《乐经》，疑多声音、乐舞之节，而无辞句可读诵记识，故秦火之后无传焉"⑤，"《乐经》既亡，独《乐记》不亡，

---

① 〔明〕柯尚迁：《周礼全经释原·卷首·全经纲领》，商务印书馆四库全书工作委员会编《文津阁四库全书》（第33册，经部·礼类），商务印书馆，2005年，第190页。
② 罗艺峰：《由〈乐纬〉的研究引申到〈乐经〉与〈乐记〉的问题》，载《汉唐音乐史首届国际研讨会论文集》，中央音乐学院出版社，2011年，第22页。
③ 〔明〕邱睿：《大学衍义补》（一），吉林出版集团有限责任公司，2005年，第491页。
④ 〔元〕吴澄：《礼记纂言》，商务印书馆四库全书工作委员会编《文津阁四库全书》（第41册，经部·礼类），商务印书馆，2005年，第281页。
⑤ 〔清〕朱彝尊、翁方纲、罗振玉撰：《经义考·补正·校记》，中国书店，2009年，第1142页。

可见《乐经》是记声音、乐舞之节，非文辞可读之书，秦火之后，汉儒不收矣"①。据此，杨伯峻先生推测："乐经可能只是曲调曲谱，或者依附'礼'，由古人'礼乐'连言推想而知之；或者依附'诗'，因为古人唱诗，一定有音乐配合。我还猜想，无论'礼乐'的'乐'，或者'诗乐'的'乐'，到了战国，都属于'古乐'一类，已经不时兴了。"②

可见，《乐经》自古就是一桩悬案，以上众多说法归纳起来，无非"本无其书""有书已亡""有书未亡"三种观点。1993年郭店楚墓竹简出土，其中《六德》云："观诸《诗》《书》则亦在矣，观诸《礼》《乐》则亦在矣，观诸《易》《春秋》则亦在矣。"③这使得认为"有其书"的学者更添信心。

或许未来的出土文献和文物会解开历史的谜团，又或许这些争论会永远持续下去，但最值得人们思考的是今天应该如何对待"礼乐文明"这一说法。首先，既然"礼乐文明"原本的作用是维护宗法制和分封制下的等级秩序，那么今天若要倡导"礼乐文明"显然不应再是

---

① 〔明〕周琦撰：《东溪日谈录》，广西民族出版社，2012年，第59页。
② 杨伯峻等著，《文史知识》编辑部编：《经书浅谈》，中华书局，2004年，第4页。
③ 荆门市博物馆编著：《郭店楚墓竹简·六德》，文物出版社，2003年，第49页。

为了维护或者恢复这样的等级秩序，今天的"礼乐文明"究竟要有什么的含义，要发挥什么样的作用，是需要重新界定的问题。其次，如果今人在宣扬"礼乐文明""礼乐文化"时仅仅将"礼乐"理解为礼节和音乐，或依古人再纳入舞蹈、诗歌等多种艺术形式，那么这样的"礼乐文明"是否就能够代表中国气派、中国风度呢？"礼乐文明"无疑是中国古代文明的重要组成部分，而今人面对"礼乐文明"时无论将其放入历史中看待，还是赋予其新的有高度的含义，都是可选项，但不予界定的滥用的做法显然不利于对传统文化的理解与传承。

"礼"与"诗":从"诗礼传家"到"诗意地栖居"

"不学诗,无以言","不学礼,无以立",这一尽人皆知的"孔门庭训"将《诗》与"礼"并称,以"言"与"立"的不同角度体现它们同等重要的地位和作用。孔子时代所说的《诗》,专指《诗经》。"不学习《诗经》就不会说话",这在今人看来或许匪夷所思,但在春秋时期却并非夸张的说法。春秋时期盛行引《诗》、赋《诗》的社会风尚。清人劳孝舆在《春秋诗话》中说:"自朝会聘享到事物细微,皆引《诗》以证其得失焉。大而公卿大夫,以至舆台贱卒,所有论说,皆引《诗》以畅厥旨焉。"① 特别是在外交场合中,各国诸侯与使臣的对话常常要借赋咏《诗》中的词句来表达自己的态度、阐发自己的目的,能否熟知《诗》并适当运用,影响到诸侯国关系的好坏。例如,公元前636年,流亡多年的公子重耳打算回国即位,经过秦国时秦穆公以国君之礼待之,并通过赋咏《诗》中的篇章交换了关于重耳回国的意见。

---

① 〔清〕劳孝舆撰:《春秋诗话》,中华书局,1985年,第42页。

他日，秦伯将享公子，公子使子犯从。子犯曰："吾不如衰之文也，请使衰从。"乃使子馀从。秦伯享公子如享国君之礼，子馀相如宾。卒事，秦伯谓其大夫曰："为礼而不终，耻也。中不胜貌，耻也。华而不实，耻也。不度而施，耻也。施而不济，耻也。耻门不闭，不可以封。非此，用师则无所矣。二三子敬乎！"明日宴，秦伯赋《采菽》，子馀使公子降拜。秦伯降辞。子馀曰："君以天子之命服命重耳，重耳敢有安志，敢不降拜？"成拜卒登，子馀使公子赋《黍苗》。子馀曰："重耳之仰君也，若黍苗之仰阴雨也。若君实庇荫膏泽之，使能成嘉谷，荐在宗庙，君之力也。君若昭先君之荣，东行济河，整师以复强周室，重耳之望也。重耳若获集德而归载，使主晋民，成封国，其何实不从。君若恣志以用重耳，四方诸侯，其谁不惕惕以从命！"秦伯叹曰："是子将有焉，岂专在寡人乎！"秦伯赋《鸠飞》，公子赋《沔水》。秦伯赋《六月》，子馀使公子降拜。秦伯降辞。子馀曰："君称所以佐天子匡王国者以命重耳，重耳敢有惰心，敢不从德。"（《国语·晋语四》）

秦穆公训示大夫不可"为礼而不终"，并身体力行地礼待重耳。秦穆公先赋《采菽》表示对重耳的欢迎，重耳则赋《黍苗》表示希望获得秦国的支持。秦穆公此前深受晋惠公背信弃义之苦，因此没有做出明确的表示，只是以《小宛》中的"宛彼鸣鸠，翰飞戾天。我心忧伤，念昔先人"表达对晋国先君以及穆姬的怀念之情。重耳于是赋《沔水》，取首章"沔彼流水，朝宗于海"之意，表明一定不会忘记秦国的帮助。秦穆公得此保证，便答应帮助重耳回国。可见，在这段谈话中，如果某一方不熟知《诗》，怎能明白对方赋《诗》篇章之用意，又如何表达自己的想法呢？例如《左传》记载，叔孙宴请庆封，庆封不懂礼敬，叔孙当面赋《相鼠》"人而无礼，胡不遄死"骂他，而庆封不懂《诗》，因而浑然不知。重耳原计划让狐偃陪同，但狐偃认为赵衰更擅长辞令，于是由赵衰陪同前往。果然在与秦穆公赋《诗》的互动中，由于赵衰时时提醒，重耳应对自如并最终获得了秦穆公的支持。在当时，以《诗》中篇章作为礼仪用语并非个案，而是贵族阶层交往的常态。

冬，公如晋朝，且寻盟。卫侯会公于沓，请平于晋。公还，郑伯会公于棐，亦请平于晋。公皆成之。郑伯与公宴于棐，子家赋《鸿雁》。季文子曰："寡君未免于此。"文子赋《四月》，子家赋《载驰》之四章。文子赋《采薇》之四章。郑伯拜。公答拜。（《左传·文公十三年》）

郑国要和晋国修好，希望鲁文公到晋国去说情。郑国大夫子家赋《鸿雁》，取其中"爰及矜人，哀此鳏寡"

之意，请鲁国可怜他。季文子代表鲁文公赋《四月》，其中"四月维夏，六月徂暑。先祖匪人？胡宁忍予"表示不愿受长途跋涉的劳累，想要拒绝郑国。子家赋《载驰》之四章，"控于大邦，谁因谁极"表示郑国是小国，有困难只能请鲁国这样的大国帮忙。季文子赋《采薇》，其中"岂敢定居，一月三捷"便是答应郑国再奔波一趟。正是《春秋诗话》所言："四诗拉逦称引，各各不言而喻，而当时大国凭凌、小国奔命之苦，凄然如见。"①倘若不学《诗》、不精通《诗》，便无法赋《诗》、引《诗》，不但"无以言"，甚至可能使国家陷入危亡之境。齐国的高厚在晋国的宴会上因赋《诗》不当，被诸侯们认为"有异志"而遭到声讨，给国家带来祸患。《诗》在当时的地位由此可见一斑。

《诗》："礼乐文明"的载体之一

现在介绍《诗经》的书籍和文章大都将其概括为"中国第一部诗歌总集"，显然强调的是其作为文学作品的一面。这导致人们对《诗经》作为经书的一面感到陌生，因此当谈到"不学诗，无以言""不学礼，无以立"的时候，常常有人误以为这里的"诗"就是诗歌这种文学体裁；即便强调这里的"诗"特指《诗经》，很多人

---

① 〔清〕劳孝舆：《春秋诗话》，中华书局，1985年，第2页。

也只是将它理解为我国诗歌文学中早期的一部作品集而已。在人们心里，《诗经》失去了"经"的地位。胡适说："《诗经》并不是一部《圣经》，确实是一部古代歌谣的总集。"①顾颉刚说："《诗经》是一部文学书。"②闻一多也说："明明一部歌谣集，为什么没人认真的把它当文艺看呢！"③在他们"恢复"《诗经》的文学面目的努力下，《诗经》作为"经"的地位被推翻了。

然而，《诗》之所以能够与"礼"并称，原因绝非只在于其文学价值，而在于其与"礼乐文明"息息相关的道德伦理功能，这是后世诗歌文学所无法承载的，这也正是古人赋予其"经"之地位的原因。对此，钱穆先生曾有清晰的论述："我们要懂中国古代人对于世界、国家、社会、家庭种种方面的态度与观点，最好的资料，无过于此《诗经》三百篇。在这里我们见到文学与伦理之凝合一致，不仅为将来中国全部文学史的渊泉，即将来完成中国伦理教训最大系统的儒家思想，亦大体由此演生。"④

---

① 胡适：《谈谈诗经》，载《胡适论学近著》（下册），朝华出版社，2018年，第588页。
② 小说月报社编辑：《〈诗经〉的厄运与幸运》，商务印书馆，1925年，第1页。
③ 闻一多：《匡斋尺牍》，《闻一多全集》（3），湖北人民出版社，1993年，第214页。
④ 钱穆：《中国文化史导论》，商务印书馆，1994年，第67页。

"情动于中而形于言，言之不足，故嗟叹之，嗟叹之不足，故咏歌之，咏歌之不足，不知手之舞之，足之蹈之也。""情"通过"言诗""嗟叹""咏歌""舞蹈"等来表达，而这些表达方式皆被古人归纳入"乐"的范畴之中，也就是说《诗》作为"乐"的一种表现形式，与"乐"的其他形式一样可以表达"情"，具有"合同"的功能。在西周的大型典礼中，《诗》及"乐""舞"往往作为综合性的艺术形式共同出现，服务于祭祀、朝聘、乡射等特定的仪式。皮锡瑞认为："孔子之前，诗无不入乐"[1]，"《诗》与《乐》相比附，人人皆能弦歌"[2]。马瑞辰则言："《诗》三百篇，未有不可入乐者。"[3]在谈到《诗》的性质的时候，鲁迅曾讲"风者，闾巷之情诗；雅者，朝廷之乐歌；颂者，宗庙之乐歌也"[4]，刘操南则称"仪礼的诗"或"礼乐的诗"[5]。足见《诗》与"礼乐"密不可分。

《礼记》云："礼有五经，莫重于祭。"祭祀天地、

---

[1] 〔清〕皮锡瑞，吴仰湘点校：《经学通论》，中华书局，2017年，第225页。

[2] 同上书，第151页。

[3] 〔清〕马瑞辰撰，陈金生点校：《毛诗传笺通释》（上），中华书局，1989年，第1页。

[4] 鲁迅撰：《汉文学史纲要：外一种》，上海古籍出版社，2011年，第8页。

[5] 刘操南：《诗经探索》，浙江大学出版社，2003年，第57页。

山川、鬼神、先人是"礼"的最重要组成部分，《诗》中的《颂》就是宗庙祭祀之乐，用于祭祀仪式或重大典礼中。"颂者，美盛德之形容，以其成功告于神明者也。"孔颖达在《毛诗正义》中说，"颂者"之下省略了"容也"二字。朱熹在《诗集传》中说，"颂"与"容"古字通用。据阮元《揅经室集·释颂》的解释，"容"的意思是舞容，"美盛德之形容"，就是赞美"盛德"的舞蹈动作。《周颂·维清》是祭祀文王的乐歌，《小序》曰："奏象舞也"，《毛诗传笺通释》曰："象舞，象用兵时刺伐之舞。"[①]也就是把周文王用兵征讨刺伐的场面，用舞蹈动作表现出来，这可以证明宗庙祭祀时不仅有《诗》有歌，而且有舞，"载《诗》载歌载舞"可以说是宗庙之"乐"的特点。《周颂》共三十一篇，不同篇章对应不同的祭祀对象，歌颂他们的功德，例如《清庙》用于周王祭祀文王，《天作》用于周王祭祀岐山或在岐山祭祀先王先公，《昊天有成命》一说用于祭祀天地、一说用于祭祀周成王，《时迈》用于周武王克商后巡视四方、祭祀山川，《执竞》用于祭祀武王、成王、康王，《思文》用于歌颂后稷养民之功，《噫嘻》用于祈告上天、先公、先王准许藉田亲耕，《振鹭》用于天子招待前来助祭的诸侯，《丰年》用于周人庆丰年、祭祖先神明，《雝》用于周王在宗庙

---

① 〔清〕马瑞辰撰，陈金生点校：《毛诗传笺通释》（下），中华书局，1989年，第1045页。

祭祀后撤去祭品礼器之时，《载见》用于周成王初即位时率领前来朝见的诸侯拜谒武王庙祭祀求福，《有客》用于微子来朝周祖庙后周王设宴饯行之时，等等。

《诗》还被用于朝聘中。"春见曰朝"，"时聘曰问"，"朝"是诸侯朝见天子的典礼，"聘"是诸侯派出使臣到天子处聘问或者诸侯之间的通问修好。"朝"需诸侯自己亲往，"聘"则使人代劳。《礼记·王制》云："诸侯之于天子也，比年一小聘，三年一大聘，五年一朝。"诸侯每年派大夫作为使臣到天子处做一次较小规模的聘问，每三年派卿作为使臣去天子处做一次较大规模的聘问，每五年诸侯亲自去朝见天子。朝聘有一系列繁复且规范的礼仪，《诗》中有相应的诗篇与之相配。例如，当天子赏赐有功诸侯的时候会采用《小雅·采菽》《小雅·彤弓》等。《彤弓》首句即为："彤弓弨兮，受言藏之。我有嘉宾，中心贶之。钟鼓既设，一朝飨之"，可见飨宴是朝聘和赏功的重要环节。《左传·昭公五年》："宴有好货，飨有陪鼎。"杜预注："陪，加也。加鼎所以厚殷勤。"飨礼极为隆重，过程中要用"乐"，并根据对象身份的不同而有所区别。《小雅》中的《湛露》《頍弁》，《大雅》中的《行苇》，皆用于周天子与同宗诸侯宴饮之时。《小雅》中的《鹿鸣》《伐木》《鱼丽》《南有嘉鱼》《蓼萧》《鱼藻》《瓠叶》等也是宴饮诗乐。刘操南在谈到"诗乐是一"时曾说："周时仪礼的《诗》

是礼、乐、诗密切配合的。祭祀时行礼与乐配合，这乐称为庙堂的乐，于《诗》为《颂》。朝聘时行礼与乐配合，称为朝廷的乐，于《诗》为大、小《雅》。乡射时行礼与乐配合，称为乡乐，或称房中的乐，于《诗》为《周南》《召南》。"①

在《诗》的形成过程中，诗篇并非固定不变，而是随着观民风、知得失的"采诗"制度和规谏王者、补察时政的"献诗"制度陆续纳入《诗》中，并几经修订。相传孔子曾编订"六经"，其中包括"孔子编《诗》"的说法，到汉代这已经成为文人们的共识。王充在《论衡·正说》中说："《诗经》旧时亦数千篇，孔子删去重复，正而存三百篇。"②《史记·孔子世家》也讲："古者诗三千余篇，及至孔子，去其重，取可施于礼义，上采契后稷，中述殷周之盛，至幽厉之缺，始于衽席，……三百五篇孔子皆弦歌之，以求合韶武雅颂之音。礼乐自此可得而述，以备王道，成六艺。"当然，对这一观点也有质疑者，例如唐代孔颖达于《诗谱序疏》中称："如《史记》之言，则孔子之前，诗篇多矣，案书传所引之诗，见在者多，亡逸者少，则孔子所录不容十分去九，马迁

---

① 刘操南：《诗经探索》，浙江大学出版社，2003年版，第66页。
② 黄晖撰：《论衡校释》（下），中华书局，2018年，第1311页。

言古诗三千余篇未可信也。"① 清代崔述则根据《论语》中"诗三百"的说法做出判断："当孔子之时已止此数，非自孔子删之而后为三百也。"②

当西周逐渐走向衰落，《诗经》中不再只有歌功颂德的"正风""正雅"，还纳入了揭露批判现实、表达激愤怨恨、反对奸邪谗言的"变风""变雅"，"其美善刺恶，犹存三代之直道"③。例如，《大雅·桑柔》"乱生不夷，靡国不泯。民靡有黎，具祸以烬。於乎有哀，国步斯频"，表现深沉忧郁的反复劝谏；《小雅·巧言》"乱之初生，僭始既涵；乱之又生，君子信谗"，表现讽刺和批判；《邶风·柏舟》"忧心悄悄，愠于群小。觏闵既多，受侮不少。静言思之，寤辟有摽"，表现爱国忧愤之情；《小雅·正月》"正月繁霜，我心忧伤。民之讹言，亦孔之将。念我独兮，忧心京京"，表现孤独、忧伤和愤懑；《小雅·小弁》"踧踧周道，鞫为茂草。我心忧伤，惄焉如捣。假寐永叹，维忧用老。心之忧矣，疢如疾首"，表现哀怨和痛苦，等等。故此，孔子曰："观其礼乐，而治乱可知也"；《诗大序》云："至于王道衰，礼义废，政教失，国异政，家殊俗，而变风变雅作矣"；

---

① 〔清〕阮元校刻：《十三经注疏：附校勘记》，中华书局，1980年，第263页。
② 〔清〕崔述：《崔东壁遗书》，上海古籍出版社，2013年，第309页。
③ 张亮采：《中国风俗史》，上海文艺出版社，1988年，第467页。

《诗谱序》云："孔子录懿王、夷王时诗，讫于陈灵公淫乱之事，谓之《变风》《变雅》"；《史记·周本纪》载："懿王之时，王室遂衰，诗人作刺。"当然，"正""变"的划分，并非以时间为界，而是以"政教得失"来分。《诗》与"乐"一样，在服务政治的同时也可以反映政治，正所谓"情发于声，声成文谓之音，治世之音安以乐，其政和；乱世之音怨以怒，其政乖；亡国之音哀以思，其民困"。"变风""变雅"就体现了这一时期士大夫阶层面对尊卑失序的政治环境的困顿与失落、反思与痛苦。

面对西周衰微的时局，周宣王前期励精图治，广纳谏言，复兴"礼乐"，史称"宣王中兴"。这一时期王室恢复"礼乐制度"以维持统治的需求更显迫切，宗庙祭祀、朝聘燕享的典礼重新受到重视。《诗》无论在文本内容上还是在"礼乐制度"上都得到了新的发展。马银琴教授认为："宣王时代不但制造了史家盛道的'中兴'神话，同时也制造了西周文化史上仪式乐歌创作的又一个高峰，成为《诗经》形成史上具有里程碑意义的重要阶段。仅从诗文本产生、扩大到最后形成的历史过程来看，这是周代文化史上最后一次以仪式歌奏为主要目的而进行的乐歌编辑活动。如果说康王时代的意义是在'定乐歌'的行为中产生了第一个仪式乐歌文本，奠定了后世乐歌编定活动的基础；穆王时代的意义，是在康王所定乐歌的基础上增加了燕享乐歌这一新的乐歌种类，那么，宣王时代的意义则突出地通过'变雅''变风'被编入诗文本的行为表现出来。"①

"变风""变雅"入《诗》不但突破了《诗》原有的内容和题材，而且扩宽了使用范围，诗篇不只出现在典礼中，也出现在其他场合。典礼之《诗》衰微，而赋《诗》、引《诗》之风日盛。宾主双方赋《诗》言志赠答，引《诗》互通款曲，既能体现高雅的风度，又能交换国事的意见，使两国关系在温文尔雅的宴饮气氛中得以巩固。因此，贵族学《诗》、用《诗》成为时代风尚，这才有了秦穆公宴请重耳时的对话。据劳孝舆统计，《左传》中引《诗》的记载有75则，他在《春秋诗话》中论及春秋赋诗时说："自朝聘会享以至事物细微，皆引《诗》以证其得失焉。大而公卿大夫，以至舆台贱卒，所有论说，皆引《诗》以畅厥旨焉。余尝伏而读之，愈益知诗为当时家弦户诵之书。"②朱自清在《诗言志辨·比兴》中统计，《左传》所记赋诗见于今本《诗经》的共53篇，引诗共84篇，两项合计去重，共123篇，占全部《诗经》篇目的三分之一强③。赋《诗》、引《诗》改变了《诗》的运用方式，《诗》与"乐"的关系也悄然发生变化，《诗》逐渐从

---

① 马银琴：《周宣王时代的乐歌与诗文本的结集》，载《诗经研究丛刊》（第五辑），学苑出版社，2003年，第59-60页。
② 〔清〕劳孝舆：《春秋诗话》，中华书局，1985年，第42页。
③ 朱自清：《诗言志辨》，商务印书馆，2017年，第68页。

"乐"中独立出来的进程开始了。朱自清认为，到了孔子时代，"赋诗的事已经不行了，孔子却采取了断章取义的办法，用《诗》来讨论做学问做人的道理"①，"诗已经不常歌唱了，诗篇本来的意义，经过了多年的借用，也渐渐含糊了。他就按着借用的办法，根据他教授学生的需要，断章取义地来解释那些诗篇"②。除了"不学诗，无以言"之外，孔子还提出了"《诗》可以兴，可以观，可以群，可以怨"的多重社会功能。

从"正"到"变"，从"美善"到"刺恶"，从典礼用《诗》到赋《诗》引《诗》，从用于"言"到用于"兴观群怨"，《诗》与"礼""乐"始终是服务于政治秩序的，三者始终统一于"礼乐制度""礼乐文明"。《礼记·孔子闲居》云："诗之所至，礼亦至焉；礼之所至，乐亦至焉。"沈文倬亦言："诗、乐、礼在仪式中是统一的，完全可以这样认为，古代贵族以诗、乐作为基本的教育内容，其本身就是适应学礼的需要。"③从《诗》的性质和目的看，"先王以是经夫妇，成孝敬，厚人伦，美教化，移风俗"，《诗》从属于"礼"、为"礼"服务。从《诗》的创作和运用看，"发乎情，止乎礼义。发乎

---

① 朱自清：《经典常谈》，中华书局，2009年，第30页。
② 同上书，第31页。
③ 沈文倬：《略论礼典的实行和仪礼书本的撰作》，载《文史》，1982年第15期，第9页。

情,民之性也;止乎礼义,先王之泽也",《诗》由"礼"来约束和节制。

《诗》发于"情"

孔子曰:"《诗》三百,一言以蔽之。曰:思无邪。"它的含义之一便是《诗》是先民内心真情的表达。通观《诗大序》,可见"情"贯穿其中。"诗者,志之所之也,在心为志,发言为诗,情动于中而形于言,言之不足,故嗟叹之,嗟叹之不足,故咏歌之,咏歌之不足,不知手之舞之,足之蹈之也。"这里的"志"与"情"皆发于内心,现在"情志"被视为身心健康的要素。子太叔在论"是仪也,不可谓礼"时曾讲到,天地生六气,六气生六志,即好、恶、喜、怒、哀、乐。"情"为天地所生,是人的天性,故此荀子称之为"天情":"天职既立,天功既成,形具而神生,好恶、喜怒、哀乐臧焉,夫是之谓天情。"而韩非子则称之为"人情":"人情者有好恶。"《礼记·礼运》将"情"变化为七种,即"何谓人情?喜、怒、哀、惧、爱、恶、欲,七者,弗学而能",认为"情"与生俱来,不需要通过学习获得。

凡声其出于情也信,然后其入拨人之心也厚。闻笑声,则鲜如也斯喜。闻歌谣,则陶如也斯奋。听琴瑟之声,则悸如也斯叹。观《赉》《武》,则齐如也斯作。观《韶》

《夏》，则勉如也斯敛。咏思而动心，胃如也，其居次也久，其反善复始也慎，其出入也顺，始其德也。（郭店楚墓竹简《性自命出》）

从郭店楚简中的这段文字可以看出"情"与"乐"的关系，即"乐"出于人之"情"。"情"与"礼"的关系也是如此，"礼作于情"，"礼因人之情而为之"。"情"被视为"礼乐"的起点，而这"情"的主体为人。这一点在郭店楚简中多有强调，如"诗书礼乐，其始出皆生于人。诗，有为为之也。书，有为言之也。礼乐，有为举之也"，"君子美其情，贵其义，善其节，好其容，乐其道，悦其教，是以敬焉"，等等。

孟子的思想中也体现了"礼乐"出自"情"的观点。

仁之实，事亲是也；义之实，从兄是也。智之实，知斯二者弗去是也；礼之实，节文斯二者是也；乐之实，乐斯二者，乐则生矣；生则恶可已也，恶可已，则不知足之蹈之、手之舞之。（《孟子·离娄上》）

乃若其情，则可以为善矣，乃所谓善也。若夫为不善，非才之罪也。恻隐之心，人皆有之；羞恶之心，人皆有之；恭敬之心，人皆有之；是非之心，人皆有之。恻隐之心，仁也；羞恶之心，义也；恭敬之心，礼也；是非之心，智也。仁义礼智，非由外铄我也，我固有之也，弗思耳矣。故曰：

"求则得之,舍则失之。"或相倍蓰而无算者,不能尽其才者也。《诗》曰:"天生蒸民,有物有则。民之秉夷,好是懿德。"孔子曰:"为此诗者,其知道乎!故有物必有则,民之秉夷也,故好是懿德。"(《孟子·告子上》)

"礼"的本质是对"仁""义"的节制,"乐"的本质是对"仁""义"的喜好;"仁""义""礼""智"源于"恻隐之心""羞恶之心""辞让之心""是非之心"这"四端";"四端"则出于"情"。由此形成了"礼乐"因"情"而生的逻辑关系。

《礼记·坊记》云:"礼者,因人之情而为之节文,以为民坊者也。"《中庸》则将喜、怒、哀、乐这些"情"处于"未发"状态称为"中","发而皆中节"称为"和"。郑玄注:"中为大本者,以其含喜怒哀乐,礼之所由生,政教自此出也。"[①] 这是对"礼生于情"的认同。

虽然荀子持性恶论的观点,但也认为"乐"源于"情"。"夫乐者,乐也,人情之所必不免也,故人不能无乐。"荀子同时认为,由于"乐"是"情"的宣泄,若无引导和节制则容易导致混乱,因此先王"贵礼乐而贱邪音","制雅、颂之声以道之",以实现"乐中平则民和而不流,乐肃庄则民齐而不乱。民和齐则兵劲城固,敌国不敢婴

---

① 〔清〕阮元校刻:《十三经注疏:附校勘记》,中华书局,1980年,第1625页。

也"的理想状态。

承载着宗周礼乐文明的《诗》亦生于"情",是先民情感的表达,"故正得失,动天地,感鬼神,莫近于诗"。因此,《诗》三百篇中虽无一篇由职业诗人创作,但却是对时代最直观的反映,也是出于这个原因才能够承担起上下之间信息传播和沟通的职能。"上以风化下,下以风刺上",百姓的情绪通过采诗制度上达君主,"古有采诗之官,王者所以观风俗,知得失,自考正也";君王则以编订《诗》表达自己的主张,以此影响官员和百姓。"男女有所怨恨,相从而歌,饥者歌其食,劳者歌其事。"孔子说《诗》"可以怨",说明君主对于百姓的怨刺不平,不是采取无视或禁止的态度,而是采集这些意见作为治理的依据。《国语·周语上》云:"防民之口,甚于防川。川壅而溃,伤人必多,民亦如之。是故为川者决之使导,为民者宣之使言。故天子听政,使公卿至于列士献诗,……夫民虑之于心而宣之于口,成而行之,胡可壅也?若壅其口,其与能几何?"不让百姓说话,必有川壅土溃之大害,《诗》为后世的国家治理提供了政治智慧。

"诗意地栖居"

随着时间的推移,诗不再专指《诗经》,诗也不再从属于"礼乐",而仅是一种文学体裁,甚至被认为是最高的文学形式。但在相当长的时期内诗与"礼乐"依然有着密切的联系，历朝历代的祭祀、庙堂赞颂都少不了诗与"礼乐"的配合，它们以艺术的手段在"吉、嘉、宾、军、凶"即"五礼"中发挥着维护道德伦理与政治秩序的功用。

对于后世而言，"诗"先是泛指经典，进而泛指学问，"诗"和"礼"逐渐成为学问和道德的代名词。"诗礼传家""诗书礼乐""忠厚传家久，诗书继世长"，这些词句作为中国人的家教流传至今，被置于门上、堂上最显著或最尊贵的位置，是对家族成员的要求，是对子孙后代的期望，是家族长久兴旺的象征，有时也是对于一个家族的褒奖。山西灵石王家大院敬业堂正厅上方悬挂着"诗礼传家"匾额，两侧有对联两副："六百年诗礼传家，令天下豪门望族失颜色；三千载琼楼遗世，为华夏民居宝库铸辉煌"，"先祖先贤，成由勤俭败由奢，岂敢相忘；后世后学，幼当教养老当敬，首在言行"。2018年中国国家图书馆举办的"圣贤的足迹　智者的启迪——孔府珍藏文献展"上展出了"御赐诗书礼乐"山水人物黑寿山石章。该章属明代，是孔府旧藏，国家一级文物。上雕山水人物，山上葱茏苍翠，岸下波涛翻滚，一船行使江中，船上坐有四人。印面椭圆，阳刻篆书"御赐诗书礼乐"，两侧各刻一条升龙纹。

无论孔子要求孔鲤学《诗》，还是古代家族勉励子孙学"诗",目的都非常明确。"诵《诗》三百,授之以政,不达;使于四方,不能专对;虽多,亦奚以为?"也就是说,如果不能"达"和"专对",则学《诗》或"诗"就没有意义。可见,古人学《诗》或学"诗"的最终目的在于"齐家""治国""平天下"。但是今人对于"诗"的认识则恰恰与此相反,大多数情况下人们交谈已经不再需要赋《诗》、引《诗》,学《诗》不再是人生必修课。"诗"的目的性大大减弱,除了职业诗人、研究诗词的专家及学习诗词的学生之外,"诗"对于其他人来说不是必选项而是可选项,读"诗"、学"诗"、写"诗"成为一件比较无目的性的事情,一种愉悦精神的方式,一种观照自我情感世界的途径。对于大众来说,与其说"诗"是一门学问,毋宁说是一种意境、一种向往、一种生活态度。这种意境和向往生发于"诗"的美好,是在解决温饱乃至衣食无忧之上的一种人生选择和生活方式,即所谓"诗意地栖居"。有人将"诗意地栖居"理解为环境优美的居所,其实这只是初级阶段的尚未脱离物欲的"诗意地栖居";更高层次的"诗意地栖居"寻求的不是山中的桃花源而是心中的桃花源,是内心丰盈自由的状态。"诗意地栖居"本为德国浪漫派诗人荷尔德林的一句诗,海德格尔曾以此为题发表演讲,他阐述:"这个诗句说的是人之栖居。它并非描绘今天的栖居状况。它首先并没有断言,栖居意味着占用住宅。它也没有说，诗意完全表现在诗人想象力的非现实游戏中。……进一步讲，也许两者是相互包含的，也即说，栖居是以诗意为根基的。如果我们真的作此猜断，那么，我们就必得从本质上去思考栖居和作诗。如果我们并不回避此种要求，我们就要从栖居方面来思考人们一般所谓的人之生存。"[①] 人的理想生存状态是多方面的，其中不可忽视的是心灵的解放与自由。从文学的"诗"到哲学的"诗"，似乎"诗"与人的距离在拉大，甚至大到与"远方"一样远，于是人们热衷于追求"诗与远方"。倘若将"远方"理解为物理空间之"远方"，"诗"理解为文学之"诗"，那么即便不易到也终究可到，不易得也终究可得。而对心灵"诗意地栖居"的追求和向往，则是人类的永恒主题和终极关怀。如果对应马斯洛需求层次理论，"诗意地栖居"应该属于最高层次"自我实现"的需求。

  从作为"礼乐"载体的《诗》，到文学体裁的"诗"，到指代经典和学问的"诗"，再到人生哲学的"诗"，人们对"诗"的认识经历了从服务政治到探索内心世界的过程。今天面对《诗》，人们既要看到其文学价值，也要认识到其曾在"礼乐文明"中所占有的位置；面对今天的"诗"，人们更需丰富内心、了解自我，反思人类文明。

[①] ［德］海德格尔著，孙周兴译：《演讲与论文集》，商务印书馆，2018年，第204-205页。

"礼"与"美":从礼乐美学到生活美学

近年来,国人对于传统文化的热情逐渐高涨,古琴、戏曲、香道、茶道、花道等传统文化项目被纳入到当代生活美学的范畴之中,这使得传统文化日益走向大众流行,对于传统文化的传承和发展十分有益。这些项目中都具有传统文化的审美意蕴,也都涉及到"礼乐文明"的精神和形态,那么"礼乐文明"的美学观是怎样的?与当代生活美学有着什么样的关系呢?

秩序的美

"礼"源于远古祭祀中的图腾歌舞、巫术活动,目的在于娱神,以求得到生存的保障。大约在殷周鼎革之际特别是周公时代"礼"实现了系统化,功能从娱神转变为维持伦理道德和社会秩序。故此,《礼记·表记》云:"殷人尊神,率民以事神,先鬼而后礼","周人尊礼尚施,事鬼敬神而远之"。通过先秦典籍的内容可以看到,自周公"制礼作乐"以来"礼"渗透到政治制度与社会生活之中,不但在官制、军制、田制、税制、礼制方面为历代国家机构建制提供了参考,而且在语言、行为、活动、仪表、服饰等各个方面对个体的人提出了程式化的要求。

入公门,鞠躬如也,如不容。立不中门,行不履阈。过位,色勃如也,足躩如也,其言似不足者。摄齐升堂,鞠躬如也,屏气似不息者。出,降一等,逞颜色,怡怡如也。没阶,趋进,翼如也。复其位,踧踖如也。……君子不以绀緅饰,红紫不以亵服。当暑,袗绤绤,必表而出之。缁衣,羔裘;素衣,麑裘;黄衣,狐裘。亵裘长,短右袂。必有寝衣,长一身有半。狐貉之厚以居。去丧,无所不佩。非帷裳,必杀之。羔裘玄冠不以吊。吉月,必朝服而朝。

《论语·乡党》中的这段文字对于站立、行走、表情、服饰的颜色都提出了具体规范,从中可对"礼"的要求窥见一斑。"礼"作为一种制度规定了家国天下的尊卑秩序,其中不仅对个人行为做出约束,而且还对城市、建筑、祭祀、器物、乐舞等各个方面都做出了详细规定。《礼记·典命》规定:"典命掌诸侯之五仪,诸臣之五等之命。上公九命为伯,其国家、宫室、车旗、衣服、礼仪皆以九为节。侯伯七命,其国家、宫室、车旗、衣服、礼仪皆以七为节;子男五命,其国家、宫室、车旗、衣服、礼仪皆以五为节。王之三公八命,其卿六命,其大夫四命,及其出封,皆加一等,其国家、宫室、车旗、衣服、礼仪亦如之。"例如,祭祀用鼎,"礼,祭,天子九鼎,诸侯七，卿大夫五，元士三也"；乐舞形制，"天子用八，诸侯用六，大夫四，士二"；服饰，"天子衣服，其文华虫，作会，宗彝、璪火、山龙。诸侯作会，宗彝、璪火、山龙。子男，宗彝、璪火、山龙。大夫，璪火、山龙。士，山龙"；所持玉器，"王执镇圭，公执桓圭，侯执信圭，伯执躬圭，子执谷璧，男执蒲璧"；等等。

礼有以多为贵者。天子七庙，诸侯五，大夫三，士一。天子之豆二十有六，诸公十有六，诸侯十有二，上大夫八，下大夫六。诸侯七介、七牢，大夫五介、五牢。天子之席五重，诸侯之席三重，大夫再重。天子崩，七月而葬，五重八翣；诸侯五月而葬，三重六翣；大夫三月而葬，再重四翣。此以多为贵也。

有以少为贵者。天子无介，祭天特牲。天子适诸侯，诸侯膳以犊。诸侯相朝，灌用郁鬯，无笾豆之荐。大夫聘礼以脯醢。天子一食，诸侯再，大夫士三。食力无数，大路繁缨一就，次路繁缨七就。圭璋特，琥璜爵，鬼神之祭单席。诸侯视朝，大夫持，士旅之。此以少为贵也。

有以大为贵者。宫室之量，器皿之度，棺椁之厚，丘封之大。此以大为贵也。

有以小为贵者。宗庙之祭，贵者献以爵，贱者献以散。尊者举觯，卑者举角。五献之尊，门外缶，门内壶，君尊瓦甒。此以小为贵也。

有以高为贵者。天子之堂九尺，诸侯七尺，大夫五尺，士三尺。

有以下为贵者。至敬不坛，埽地而祭。天子诸侯之尊废禁，大夫士棜禁。此以下为贵也。

礼有以文为贵者。天子龙衮，诸侯黼，大夫黻，士玄衣纁裳。天子之冕朱绿藻，十有二旒，诸侯九，上大夫七，下大夫五，士三。此以文为贵也。

有以素为贵者。至敬无文，父党无容，大圭不琢，大羹不和，大路素而越席，牺尊疏布幂，樿杓。此以素为贵也。

《礼记·礼器》中的这段文字对人从生到死的衣食住行等方方面面做出了具体的规范。仅以"以多为贵"为例，天子、诸侯、大夫、士的祖庙各为七所、五所、三所和一所，天子、诸公、诸侯、上大夫、下大夫盛在豆（古代一种食器）里的菜肴各为二十六豆、十六豆、十二豆、八豆、六豆；诸侯出访他国，与对方国君行聘问礼时各用七位副员传话，聘问礼后对方国君派高级官员率人致送七牢（一牢为牛羊猪各一）。大夫用五位副员传话，对方致送五牢；举行大礼时天子的坐席有五层、诸侯三层、大夫两层；天子去世须停殡七个月后埋葬，棺下的草垫、棺上的厚板各五层，棺旁放置翣扇八个，诸侯去世后停殡五个月后埋葬，草垫、厚板各三层，翣扇六个，大夫去世后停殡三个月后埋葬，草垫、厚板各两层，翣扇四个。无论"以多为贵""以少为贵""以大为贵""以小为贵""以高为贵""以下为贵""以文为贵""以素为贵"，都是根据人的不同等级所对应的礼器的数量和形制来确定他们一生的尊荣，由此达到各安其位、井然有序、长治久安、江山永固的统治目的。故此，张守节曰："天地位，日月明，四时序，阴阳和，风雨节，群品滋茂，万物宰制，君臣朝廷尊卑贵贱有序，咸谓之礼。"①

顺应"礼"的要求，秩序成为一种普遍的审美观并世代延续，例如我国古代建筑的等级制度最迟于西周出现，至清末已有两千多年，仅今天仍可见的屋顶的形式就有重檐庑殿顶、重檐歇山顶、单檐庑殿顶、单檐歇山顶、悬山顶、硬山顶等，它们就是等级的象征。再如宫殿用金黄赤色调，而民居只能用黑白灰色调。"孔子曰：'礼，不可不省也。礼不同，不丰，不杀。'此之谓也，盖言称也。"②孔子主张省察"礼"，要理解"礼"的不同情况，遵守"礼"的秩序和规范，做到物情相称，而不能随意增减。可见，按照先王、先圣的标准，一切事物符合"礼"的秩序即为美，违背"礼"的秩序则不美。

---

① 〔汉〕司马迁撰，〔南朝宋〕裴骃集解，〔唐〕司马贞索隐，〔唐〕张守节正义：《史记》（第四册），中华书局，2014年，第1157页。
② 王文锦译解：《礼记译解》，中华书局，2016年，第285页。

"至善"之美

真善美是人类共同的追求,在国人的观念中"善"与"美"的关系非常紧密。王蒙先生在首届鲁班文化节举办的《理解与传承——谈中国传统文化》讲座中曾讲:"我们注重美善甚于注重真,要让大家舒服,尽量减少矛盾,做到皆大欢喜。"[1]暂且不论国人对于"真"的态度,在古代中国"善"和"美"甚至并无二致,《说文解字》云:"善,吉也,从誩,从羊,此与义美同意。"又云:"美,甘也,从羊从大。……美与善同意。"段玉裁注亦云:"美与善同意。"[2]可见,"美""善"二字可以互训。日本学者笠原仲二认为,"善"的本义之一是鬼神好正直之德——真实,所以人就应该遵守正直之德,能遵守正直之德就是"善","善"逐渐演变出伦理意义,并与"是、嘉、美"通训[3]。

孔子也曾视"善"和"美"等同:"尊五美,屏四恶,斯可以从政矣。"显然,这里与"恶"相对的"美"就是"善"。接下来孔子与子张的对话进一步证明了这一点:

---

[1] 王蒙:《中国是"礼义之邦"而非"礼仪之邦"》,中国新闻网,2013年6月17日,http://www.chinanews.com/cul/2013/06-17/4937147.shtml。

[2] 〔清〕段玉裁:《说文解字注》,中华书局,2013年,第148页。

[3] 〔日〕笠原仲二著,杨若薇译:《古代中国人的美意识》,生活·读书·新知三联书店,1988年,第264页。

"子张曰：'何谓五美？'子曰：'君子惠而不费，劳而不怨，欲而不贪，泰而不骄，威而不猛。'"孔子的"五美"都符合"善"，与"四恶"即"不教而杀谓之虐；不戒视成谓之暴；慢令致期谓之贼；犹之与人也，出纳之吝谓之有司"形成对比。在后续的阐述中，孔子提出"欲仁得仁，又焉贪"，"善"和"美"的追求正是"仁"。"里仁为美，择不处仁，焉得知？"后人对于"里仁"有两种解读，一是"居住在有仁德的地方"，二是"达到仁的境界"，无论孔子的本义是哪一个，都可以看出"善"和"美"追求的目标在于"仁"。

从孔子对古乐的点评"子谓《韶》尽美矣，又尽善也。谓《武》尽美矣，未尽善也"来看，在这里"善"和"美"的关系开始分离并出现层次性，即"善"在"美"先、"善"内"美"外、"善""美"结合、"善"即内在"美"。杨伯峻先生注："'美'可能指声音言，'善'可能指内容言。舜的天子之位是由尧'禅让'而来，故孔子认为'尽善'。周武王的天子之位是由讨伐商纣而来，尽管是正义战，但依孔子却'未尽善'。"[①]在孔子心中同时达到"善"和"美"也就是实现了"仁"，故此"尽善尽美"成为中国人对事物的最高评价。《关雎》所表现的"窈窕淑女"就是"善"和"美"的统一。

---

① 杨伯峻译注：《论语译注》，中华书局，2007年，第45页。

《说文解字注》云:"淑,善也。"① "淑"不仅指女子的品德,也可指男子的品德,《曹风·鸤鸠》言"淑人君子"。马瑞辰《毛诗传笺通释》曰:"《方言》:'秦晋之间,美心为窈,美状为窕。'"② 陆德明《经典释文》云:"善心曰窈,善容曰窕。"③ 方玉润《诗经原始》认为"诗词宽博纯厚,有至德感人气象。外虽表其仪容,内实美其心德,非歌颂功烈者比"④。可见古人释"窈窕"兼顾内外,德貌并重。孔子高度评价《诗》"思无邪",也正是出于其"善"和"美"的高度协调统一。

礼乐皆得,谓之有德。

观其舞,知其德。

乐者,所以象德也。

乐行而民乡方,可以观德矣。德者,性之端也。乐者,德之华也。

情见而义立,乐终而德尊,君子以好善,小人以听过。

乐章德,礼报情、反始也。

---

① 〔清〕段玉裁:《说文解字注》,中华书局,2013年,第555页。
② 〔清〕马瑞辰撰,陈金生点校:《毛诗传笺通释》(上),中华书局,1989年,第31页。
③ 〔唐〕陆德明撰:《经典释文》,上海古籍出版社,2013年,第205页。
④ 〔清〕方玉润撰,李先耕点校:《诗经原始》,中华书局,1986年,第300页。

《礼记·乐记》多次以"乐""德"并举来揭示"美"与"善"的紧密关系。其一，道德之"善"与艺术之"美"同为一体，是内在品质与外在表现的统一。其二，"美"是"善"的体现，有"善"方能"美"。其三，"美"是通往"善"的途径，"善"和"美"的共同追求是"仁"，正如孟子所云"仁言不如仁声之入人深也"。在"乐"的基础上再扩大范围便是"艺"，即"礼、乐、射、御、书、数"之"六艺"。子曰："志于道，据于德，依于仁，游于艺。"目标在"道"，根据在"德"，依靠在"仁"，而游憩于"艺"，这便是儒家的道德美学观。"德成而上，艺成而下，行成而先，事成而后。"道德品行、技艺事务之高低先后一目了然，这种主次关系对后世文人产生了深远影响。心学代表人物陆九渊云："主于道则欲消而艺亦可进，主于艺则欲炽而道亡，艺亦不进。"① 有道德仁义，则"艺"便可得到精进；只看重"艺"而忽略道德仁义，则"艺"也无法得到发展。

　　"美"展现"善"、"善"涵养"美"，这一理念根植在古代文人的心中，成为评判艺术之"美"及艺术家境界的标准。无论诗词歌赋、书法、绘画、音乐、舞蹈或其他艺术形式，立意高远、彰显美德的且艺术家本人亦有相应境界的即为上品。例如表达虚怀若谷的山谷、

---

① 〔宋〕陆九渊：《杂说》，《四部丛刊初编》（二，《象山先生全集》），上海书店，1989年，卷二十二。

上善若水的河流、傲骨挺霜的"岁寒三友"、品性高洁的梅兰竹菊、出淤泥而不染的荷花等,一切具有"善"德之物都是我国古典艺术中的永恒主题。除主题之外,艺术表现手法中也透露出德性,明代画家文征明说"人品不高,则用景无法"。从技艺的品性到主题的品性再到人的品性,正是我国传统艺术表达的路径。郑板桥一生专画兰、竹、石,钟爱"有兰有竹有石,有节有香有骨",称"四时不谢之兰,百节长青之竹,万古不败之石,千秋不变之人"为"四美"。在他眼中,"介于石,臭如兰,坚多节,皆《易》之理也,君子以之"[①],即兰、竹、石代表人的坚贞不屈、正直无私、坚韧不拔、心地光明、品格高洁等精神。因而,其题画诗的字字句句皆托物言志,意境深远。他认为:"写字作画是雅事,亦是俗事。大丈夫不能立功天地,字养生民,而以区区笔墨供人玩好,非俗事而何?东坡居士刻刻以天地万物为心,以其余闲作为枯木竹石,不害也。"[②]清代文论家刘熙载在《艺概·书概》中指出:"凡论书气,以士气为上。若妇气、兵气、村气、市气、匠气、腐气、伧气、俳气、江湖气、门客气、酒肉气、蔬笋气,皆士之弃也。"[③]书法的"气",

---

[①] 〔清〕郑燮撰:《郑板桥集》,广陵书社,2011年,第114页。
[②] 同上书,第135页。
[③] 〔清〕刘熙载撰,袁津琥校注:《艺概注稿》(下册),中华书局,第790页。

就是书写者通过笔画、结体、法度灌注到作品中的美感与特质。书如其人，笔下传心，书法传递的不只是文字信息，更是书写者的心念与性情，"学书要须胸中有道义，又广之以圣哲之学，书乃可贵"[①]。文人书法所推崇的"士气"反映出书写者自身的书卷气，正如清代书法家汪沄在《书法管见》中所言："胸有书卷者，作字大都不喜俗韵。"胸中的道义、书卷、圣哲之学皆为对"善"的追求，表现在作品中便呈现出"美"的气象。"以美促善""化美为善""以善为美"，"美"与"善"二者圆融相成，统一于"仁"。

"中和"之美

若要达到"善"与"美"的统一，儒家不但认为要以"仁"为目的，还提出了"中和"的要求。《中庸》云："喜怒哀乐之未发谓之中，发而皆中节谓之和。中也者，天下之大本也；和也者，天下之达道也。致中和，天地位焉，万物育焉。"情感未发之时为"中"，情感已发而合宜为"和"。"中"是天下的根本，"和"是天下的准则。达到"中和"，则天地各在其位，万物孕育生长。这里"和"的意思并非和平，更不是一团和气，而是恰当、合宜，以恰当、合宜为普遍适用的准则。"礼之用，和为贵"，

---

① 〔宋〕黄庭坚：《书缯卷后》，《四部丛刊初编》（八，《豫章黄先生文集》），商务印书馆，1929年，卷二十九。

"和"是对"礼"的要求,也是对"善""美"及世间万物的要求,杨树达先生认为"事之中节者皆谓之和,不独喜怒哀乐之发一事也"[①]。《孔子家语·儒行解》云:"歌乐者仁之和也。"[②]歌乐之"美"在于达到"仁之和",即"仁"的恰当、合宜。《礼记·乐记》云:"乐极和,礼极顺,内和而外顺。"《荀子》云:"《礼》之敬文也,《乐》之中和也,《诗》《书》之博也,《春秋》之微也,在天地之间者毕矣","乐者,天下之大齐也,中和之纪也,人情之所必不免也","乐也者,和之不可变者也"。可见,"礼乐"之"美"在于"中和"。

"中和"不仅协调外在之"美",也协调外在"美"与内在"美"即"善"的关系。孔子盛赞"《关雎》乐而不淫,哀而不伤",朱熹探究其原因:"愚谓此言为此诗者,得其性情之正、声气之和也。"[③]杨伯峻先生注:"古人凡过分以至于到失当的地步叫淫。"[④]例如"淫雨霏霏"指雨水连绵不断,持续过久。"淫"与"伤"都是指过度,前者为"乐"之过度,后者为"哀"之过度。而孔子所强调的是《关雎》之"美"在于其内容所表现的"崇德向善"恰到好处,符合儒家的"中和"理念。《左

---

① 杨伯峻译注:《论语译注》,中华书局,2007年,第10页。
② 王国轩、王秀梅译注:《孔子家语》,中华书局,2017年,第51页。
③ 〔宋〕朱熹:《诗经集传》,上海古籍出版社,1987年,第2页。
④ 杨伯峻译注:《论语译注》,中华书局,2007年,第41页。

传·昭公二十年》载晏婴言:"先王之济五味、和五声也,以平其心,成其政也。声亦如味……君子听之,以平其心。心平,德和。"《吕氏春秋·适音》云:"乐之弗乐者,心也。心必和平然后乐,心必乐然后耳目鼻口有以欲之,故乐之务在于和心,和心在于行适。夫乐有适,心亦有适。"①"美""善"合宜、表里如一,实现了"肉"与"灵"的和谐统一,便符合"发乎情,止乎礼义"的要求。"肉"是作为人的"原始冲动"的欲望、欲念及其表现形式即情感,"灵"则为"礼义"、理智即"清明安和之心"。梁漱溟说:"人类远高于动物者,不徒在其长于理智,更在其富于情感。情感动于衷而形著于外,斯则礼乐仪文之所从出而为其内容本质者。儒家极重礼乐仪文,盖谓其能从外而内以诱发涵养乎情感也。必情感敦厚深醇,有发抒,有节蓄,喜怒哀乐不失中和,而后人生意味绵永,乃自然稳定。"②

在基督教文化中,"肉"与"灵"呈现出二元对立的特点,正如雨果形容:"人的两只耳朵,一只听从上帝的呼唤,另一只听从魔鬼的呼唤。"上帝代表着人的灵魂和信仰,而魔鬼则代表着人的肉体和情欲。而古希

---

① 许维遹撰,梁运华整理:《吕氏春秋集释》,中华书局,2016年,第96页。

② 梁漱溟:《儒佛异同论》,载《梁漱溟选集》,吉林人民出版社,2005年,第444页。

腊文化和中国传统文化则以"肉"与"灵"的和谐统一为特点。不同在于,古希腊的宙斯、阿波罗、阿佛洛狄忒、雅典娜等奥林匹斯诸神之所以受到人们的崇拜,并非由于他们具有令人崇拜的超越人的品德,而是由于他们具有令人爱慕的健美肉体。用黑格尔的话来说:"这种青春在官感的现实世界里出现为'具有躯体的精神'与'精神化了的感官性'。"[1]相反,在中国传统文化中,先王和圣人以他们的完美品性和超人智慧得到人们的拥戴和歌颂,不会有人在意他们的肉身是否健美性感,由于他们具备内在"美"即"善",整体便是完美的。两种文化中"肉"与"灵"一致观的向度不同,一种是从"肉"到"灵"、由外而内,表现为原始自然状态的和谐之美;另一种则是从"灵"到"肉"、由内而外,表现为超越性的尽善尽美。"发乎情,止乎礼义"及其思想内核"中和之美",体现了中国古人的审美理想和审美智慧。对于古人来说,"中和之美"不是对"美"做简单的平均或拼合,它是"美"的最高境界,即尽善尽美。

当代生活美学的古典探求

古人的美学观对中国文化发展影响深远,随着近年来人们对传统文化的热情高涨,古琴、戏曲、茶道、花道、

---

[1] [德]黑格尔著,王造时译:《历史哲学》,商务印书馆,1963年,第268页。

香道等传统文化项目走进今人的日常生活，成为当代生活美学的一部分，爱好者甚众。刘悦笛研究员是我国生活美学的倡导者，他提出了中国美学的"三原色"理论，即"儒家生活美学""道家生活美学""禅宗生活美学"这三家中国古典美学是生活美学的原色与底色，并且三家合一。

虽然20世纪末生活美学才为国人所关注，但是生活美学本身古已有之，甚至在孔子、老子、庄子的思想中已经初露端倪，例如孔子的"吾与点也"、老子的"以水为师"、庄子的"无知、无欲、无为、无用"等已经体现出他们的美学观。古代文人在审美过程中总是把哲思与身边的事物相联系，从中反映品格与意趣。明清之际古代文人的生活美学达到了高峰，涉及服饰、饮食、居住、书画、词曲、器物、歌妓、行乐、园林、插花、焚香、品茶、室内设计等生活的方方面面，而且留下了《遵生八笺》《长物志》《园冶》《闲情偶寄》《菜根谭》《小窗幽记》《随园食单》《瓶史》等丰富的文献资料，成为当代生活美学取之不尽的资源，也为国人修身养性提供了前人的实践经验。其中《闲情偶寄》被林语堂称为"中国人生活艺术的袖珍指南"，被周作人称为"文字思想均极清新的可喜小品"。"良辰美景奈何天，赏心乐事谁家院"，明清文人对于审美化生活的追求非常普遍，贯穿在衣食住行用的细节之中，将"良辰美景"

与"赏心乐事"看得极为重要。在明清文人的生活美学中,"长物"具有特殊地位。"长物"指多余的东西,出自《世说新语》中"作人无长物"语。白居易《销暑》诗云:"眼前无长物,窗下有清风。""长物"或许并非生活所必需,但同时又具有实用性,例如居室没有插花也不影响居住,但是有插花则可以美化居室环境。刘悦笛研究员指出:"'生活美学'从来不是实用的美学,也不是政治的美学,如果实践美学只是美学的实践,生活美学只是美学的生活,那美学本身就丧失其哲学品格了。"[1]可见,生活美学既实用,同时也有非实用的一面。

计划经济时代人们的审美和物欲受到压抑,市场经济时代人们转向"一切向钱看"的功利取向,生活美学成了人们眼中的"无用"之物,甚至成为"玩物丧志"的典型代表。"玩物丧志"出于《尚书·旅獒》"不役耳目,百度惟贞。玩人丧德,玩物丧志"。对于"玩人丧德"人们毫无疑义,因为不尊重人无疑是失德的,但对于"玩物丧志"后世多有不同声音。明清文人说"人不可无癖","人不可无痴","人无癖不可与交,以

---

[1] 刘悦笛、赵强:《从"生活美学"到"情本哲学"——中国社会科学院哲学所刘悦笛研究员访谈》,载《社会科学家》,2018年第2期,第3—11页。

其无深情也"[1]。赵园先生认为,"能癖能嗜,才能对另一些重大、庄严的事物一往情深","不以得失聚散萦怀"[2]。启功先生曾撰文评价王世襄先生"是一位最不丧志的玩物大家",还提到叶遐庵先生有一方收藏印章,印文便是"玩物而不丧志"[3]。王世襄先生则在《春菰秋蕈总关情》一文中自嘲:"我自幼及壮,从小学到大学,始终是玩物丧志,业荒于嬉。秋斗蟋蟀,冬怀鸣虫,鞲鹰逐兔,挈狗捉獾,皆乐之不疲。而养鸽飞放,更是不受节令限制的常年癖好。"[4]人言"玩物丧志",王世襄却以"玩物"成家,这证明一切以"有用"为标尺,有用学之、无用弃之的功利性取向是需要反思的。当然,"玩物"未必都能成家,如果以成家为目的而"玩物",则仍然逃不出功利的圈套。"玩物"的初衷是怡情悦性、促进身心健康,这也符合"美""善"协调统一思想在新的社会环境下的弘扬。

随着物质生活的改善以及精神文化生活需求的迅速增长,生活美学重新回归了人们的生活,不但呈现出与

---

[1] 〔明〕张岱撰,马兴荣点校:《陶庵梦忆 西湖梦寻》,中华书局,2017年,第54页。
[2] 赵园:《说"玩物丧志"——对明清之际士人的一种言论的分析》,载《中国文化》,2009年第2期,第114-131页。
[3] 启功:《玩物不丧志》,载《读书》,1992年第1期,第106-108页。
[4] 王世襄:《京华忆往》,生活·读书·新知三联书店,2010年,第214页。

全球生活美学同步建构的一面，而且明显具有主动向古典生活美学汲取营养的一面。国际上最重要的美学杂志《美学与艺术批评》的主编苏珊·费金（Susan Feagin）在第18届世界美学大会上接受采访时说："今天美学与艺术领域的一个主要发展趋势是美学与生活的重新结合。在我看来，这个发展趋势似乎更接近于东方传统，因为中国文化里面人们的审美趣味是与人生理解、日常生活结合一体的。"[1] 但"礼乐"美学观若要对当代生活美学继续做出更多贡献，应当厘清几个问题。

其一，生活美学符合"礼乐"美学观"美""善"协调统一的思想，但生活美学不只是"美善之学""伦理之学"。生活美学源于人的本真生活，是人之真情的升华，因此具有真善美合一、实践与道德合一的特点。当代生活美学"已经基本摆脱了依于'仁'与志于'道'的老路，这恰恰是回归生活世界的必然结果"[2]。

其二，当代生活美学是属于大众的，而不再是贵族的专享。试图打着生活美学的旗号以高消费培养所谓"贵族"，无异于缘木求鱼。生活美学虽然与消费相关，但同时也突破了消费主义，生活美学的境界高低并不取决于消费水平的高低，物质的堆积不能达到提升生活之

---

[1] 刘悦笛：《中国"生活美学"：是什么与不是什么》，载《中国美术报》第91期学术月刊，2017年11月27日。
[2] 同上。

美的目的。"审美为大众服务，而不是源于简化而造成美感不足，或者追求繁复而令人审美疲劳。实际上，审美不是奢侈，越符合以人为本的设计，才越是'美善合一'。"①

其三，生活美学虽冠之以"学"，但它不只是专家学者研究的专门学问，更是大众从生活中获得的一种精神自由的方式。"原天地之美而达万物之理"，美存在于每一个人自己的天地中、生活中，只需用心去察觉。车尔尼雪夫斯基提出"美是生活"，其中应有生活美学的主体是每一个人的含义。蔡元培则提出以美育代宗教，让每一个人的心中有美的信仰。

其四，生活美学最直接的价值，是它的去功利化，其中不可忽视的要素便是愉悦身心的"生活趣味"。过去人们常说要"活出个样儿来"，现在则有越来越多的人希望"活出个味儿来"。朱光潜先生的《慢慢走啊，去过美的人生》、汪曾祺先生的《生活，是很好玩的》、周国平先生的《我喜欢生命本来的样子》、蔡澜先生的《我决定活得有趣》等作品，以各自的人生智慧对生活美学及生命之美进行了探究。周国平先生曾撰文描述当今这个"无趣的时代"，他说："我朝四周看，看见人人都在忙碌，脸上挂着疲惫、贪婪或无奈，眼中没有兴

---

① 刘悦笛：《追求"美善合一"》，载《当代贵州》，2018年第18期，第79页。

趣的光芒。"① 他还开出"活得有趣"的"药方"，即"一个人活在世上，必须有自己真正爱好的事情，才会活得有意思。这爱好完全是出于他的真性情，而不是为了某种外在的利益，例如金钱、名声之类。他喜欢做这件事情，只是因为他觉得事情本身非常美好，他被事情的美好所吸引"②。

世人所难得者唯趣。趣如山上之色，水中之味，花中之光，女中之态，虽善说者不能下一语，唯会心者知之。今之人慕趣之名，求趣之似，于是有辩说书画，涉猎古董以为清；寄意玄虚，脱迹尘纷以为远；又其下则有如苏州之烧香煮茶者。此等皆趣之皮毛，何关神情？夫趣得之自然者深，得之学问者浅。当其为童子也，不知有趣，然无往而非趣也。面无端容，目无定睛，口喃喃而欲语，足跳跃而不定，人生之至乐，真无逾于此时者。孟子所谓不失赤子，老子所谓能婴儿，盖指此也。趣之正等正觉最上乘也。山林之人，无拘无缚，得自在度日，故虽不求趣而趣近之。愚不肖之近趣也，以无品也。品愈卑故所求愈下，或为酒肉，或为声伎，率心而行，无所忌惮，自以为绝望于世，故举世非笑之不顾也，此又一趣也。迨夫年渐长，官渐高，品渐大，有身如桎，有心如棘，

---

① 《在无趣的时代活得有趣》，周国平公众号，2015年7月31日。
② 《世界上最棒的童话是什么？》，周国平公众号，2015年10月17日。

毛孔骨节，俱为闻见知识所缚，入理愈深，然其去趣愈远矣。（袁宏道《叙陈正甫〈会心集〉》）

对生活本真之美的追求并非今天才有，明末袁宏道便提出了"唯趣说"。未来的生活美学若能带给人们更多的"生活趣味"，人们也将更加贴近至真至善至美的人生。

"礼"与"直":中庸之仁与儒家正义观

当今社会有一种观念颇为流行,即认为礼仪就是用来发展人际关系的工具,学习礼仪的目的就是为了与"有用"之人建立关系、维护关系、发展关系,而祖先传下来的传统礼仪就是千百年来"拉关系""搞关系"的经验总结,是教导后人如何掩饰真实的自己,如何成为世故圆滑、八面玲珑、左右逢源的"人生赢家"的"圣经"。这一方面是出于功利心的驱使,另一方面则来自对传统礼仪的误解与隔阂。孔子曰:"唯仁者能好人,能恶人。"好与恶均为人之情感的真实流露,道德完备的"仁者"能够毫无掩饰地去喜爱人、憎恶人,直接表达出自己的真性情。礼仪当然具有促进人际关系的客观作用,但无论"礼""仁"还是"中庸",本意绝非要人们为了求得一团和气而善恶不分、是非不明、忠奸不辨。这就涉及儒家的"直"这一常常被忽视又微妙无穷的思想。

"直"的含义

"直"在《论语》中出现的次数虽然不算多,但是却具有多重含义。其一,"直"有社会道德中的正直之意。《说文解字》云:"直,正见也",徐锴曰:"乚,隐也。

今十目所见是直也。"①《说文解字注》云："《左传》曰，正直为正，正曲为直"，"谓以十目视乚，乚者无所逃也"。②《诗经·小雅·大东》云："周道如砥，其直如矢。"《荀子·修身》云："是谓是、非谓非曰直。"《韩非子·解老》亦云："所谓直者，义必公正，心不偏党也。"可见"直"有真实、正直、公正的含义。当鲁哀公问孔子如何才能够使百姓服从的时候，孔子答："举直错诸枉。"当樊迟对"仁者爱人""智者知人"感到费解的时候，孔子答"举直错诸枉，能使枉者直"，即把正直的人置于邪恶的人之上，百姓才能够信服，邪恶的人就能够变得正直。这表明孔子对于人的正直品质的充分认可，也正是因此他盛赞卫国贤臣史鱼："直哉史鱼！邦有道，如矢；邦无道，如矢。君子哉蘧伯玉！邦有道，则仕；邦无道，则可卷而怀之。"③

孔子以"夫达也者，质直而好义"劝诫人们要品质正直也要讲道义，刘宝楠《论语正义》曰："质直而好义者，谓达者之为人，朴质正直，而行事知好义也。"④孔子认为"人之生也直，罔之生也幸而免"，即正直的

---

① 〔汉〕许慎：《说文解字》（五），中华书局，2012年，说文十二下七。
② 〔清〕段玉裁：《说文解字注》，中华书局，2013年，第640页。
③ 杨伯峻译注：《论语译注》，中华书局，2007年，第226页。
④ 〔清〕刘宝楠撰，〔清〕皮锡瑞撰：《论语正义 孝经郑注疏》，上海古籍出版社，1993年，第186页。

人才能长久生存，而邪恶的人只能靠侥幸生存。正直是社会道德对人的最基本要求，是全世界的主流价值观，埃及作家纳吉布·迈哈福兹曾有名言"正直是道德之本"。在谈到英国人的特点时，储安平先生曾描述："英人最好直道（love of justice），是非公私，分明清楚。"①这里的"直道"也可直译为"正义之爱"。他还对当时的英国社会描述道："这样一个社会必然充满了友爱、融和、直道及光明，而一切霸道邪道曲道都在正道的氛围中不易抬头。"②

正直之"直"要求人具有"诚"的品质。刘宝楠在《论语正义》中说："盖直者，诚也。内不自以欺，外不以欺人。"③不欺骗他人也不欺骗自己，对他人诚实也对自己诚实，这便做到了"直"。"直"既是对自己的要求，也是择友、交友的标准。孔子曰："益者三友，损者三友。友直，友谅，友多闻，益矣。友便辟，友善柔，友便佞，损矣。"（《论语·季氏》）可见，孔子主张与正直、诚信、见识广博的人交朋友。朱熹云："友直，则闻其过。"他认为正直的朋友能够接受他人对其过错的批评，只愿意听好话却听不进批评的人则不是交友的优选。

---

① 储安平：《英国采风录（外一种）》，岳麓书社，1986年，第266页。
② 同上，第267页。
③ 〔清〕刘宝楠撰，〔清〕皮锡瑞撰：《论语正义　孝经郑注疏》，上海古籍出版社，1993年，第85页。

其二,"直"有行为方式的率真、率直之意。子曰:"孰谓微生高直?或乞醯焉,乞诸其邻而与之。"有人向微生高借醋,微生高自己家里没有,但他不告诉对方实情,转而向邻居借醋去满足对方的需求。这似乎是一件默默帮助他人的好事,但在孔子看来这不是"直",而是"罔",因为微生高掩饰了真实情况,而没有直言相告,不够率直。这个典故说明,考察"直"需要深入到人性之中,有时候一个人"直"还是"罔"并不是以其所做事情看起来"好"或"坏"来确定的。按照今人的看法,微生高在此事上的做法或许体现了高情商,又或许能够赢得良好的人际关系,但情商与性情并非等同,有时甚至恰恰相悖。

《论语·子路》中有一段关于"直"的经典对话引起后世争论。"叶公语孔子曰:'吾党有直躬者,其父攘羊,而子证之。'孔子曰:'吾党之直者异于是:父为子隐,子为父隐。直在其中矣。'"如果将孔子的话理解为父子互相替对方隐瞒过错是正直品质的话,自然令人觉得难以讲通或难以接受。因此有学者试图通过重新解释"直"和"隐"来理顺这个问题,而争论也由此而出。一是关于"隐"的解释。有学者认为"隐"不是隐瞒的意思,应改读为"檃",解释为纠正,以适应"直"为正直之意。但反对这一观点的学者证明"檃"的本意是"揉曲",而非纠正,"是将直变为曲,而不是将曲变为直，故仅仅一个'隱（隐）'字是难以表达纠正之意的"①。《说文解字注》云："隐，蔽也。艹部曰：'蔽茀，小儿也。'小则不可见，故隐之训曰蔽。"②可见"隐"仍应为隐藏、隐匿之意，"纠正"这一新解难以讲通。

二是关于"直"的解释。既然将孔子所言之"直"解释为正直令人难以接受，于是有学者解释为率直，指情感的流露，这一看法是恰当的。对于揭发自己父亲在有原因的情况下牵了别人的羊的"直躬者"，孔子则批评为"直躬之为信也，一父而载取名焉"，即以所谓的诚实为自己博得名声。对此，孔子是不认可的，《吕氏春秋·当务》评价"直躬之信，不若无信"。这种出于血缘亲情的率直符合儒家的纲常伦理，正如朱熹所言"父子相隐，天理人情之至也。故不求为直，而直在其中"③，"本非直也，而直已在其中"④。冯友兰在谈到这个问题时说："直者由中之谓，称心之谓，其父攘人之羊，在常情其子决不愿其事之外扬，是为人情。如我中心之情而出之，即直也。今乃至证明其父之攘人羊，是其人非沽名买直，

---

① 梁涛：《"父为子隐，子为父隐"是父子互相纠正错误吗？——〈论语〉"父子互隐"章"新证"之检讨》，载《湖南大学学报（社会科学版）》，2013年第4期，第21-25页。
② 〔清〕段玉裁：《说文解字注》，中华书局，2013年，第741页。
③ 〔宋〕朱熹：《四书章句集注》，北京：中华书局，2016年，第147页。
④ 〔宋〕黎靖德编，王星贤点校：《朱子语类》（第三册），中华书局，1986年，第1202页。

即无情不仁,故不得为真直也。"①

关于"直"的另一段经典对话出自《论语·宪问》:"或曰:'以德报怨,何如?'子曰:'何以报德?以直报怨,以德报德。'"

或人所称,今见《老子》书。德,谓恩惠也。言于其所怨,既以德报之矣;则人之有德于我者,又将何以报之乎?于其所怨者,爱憎取舍,一以至公而无私,所谓直也。于其所德者,则必以德报之,不可忘也。或人之言,可谓厚矣。然以圣人之言观之,则见其出于有意之私,而怨德之报皆不得其平也。必如夫子之言,然后二者之报各得其所。然怨有不雠,而德无不报,则又未尝不厚也。此章之言,明白简约,而其指意曲折反复,如造化之简易易知,而微妙无穷,学者所宜详玩也。(朱熹《四书章句·论语卷第七》)

朱熹认为孔子的这句话看似简单,但内涵却非常丰富,值得深入体会。《道德经·恩始章》有"大小多少,报怨以德"的说法,杨伯峻先生推测"可能当日流行此语"。一方面,在孔子看来,"以德报怨"和"以怨报德"都有违社会公平。"以德报怨,则宽身之仁也。以怨报德,

---

① 冯友兰著:《中国哲学史》(上),华东师范大学出版社,2000年,第58页。

则刑戮之民也。"① 郑玄注:"宽,犹爱也。爱身以息怨,非礼之正也。"② 孔颖达进一步疏释:"宽身之仁者,若以直报怨,是礼之常也。今以德报怨,但是宽爱己身之民,欲苟息祸患,非礼之正也。"③ "以德报怨"将"德"置于廉价、不值得珍惜的位置,同时将人置于不平等、不对等的位置,因此孔子用"如果以德报怨,又该以什么报德"的反问来指出"德""怨"不分会造成社会价值体系的紊乱。孙希旦说:"以德报怨,则天下无不释之怨矣。虽非中道,而可以宽容其身,亦仁之一偏也。"④ 皇侃也有相似意见:"所以不持德报怨者,若行怨而德报者,则天下皆行怨以要德报之,如此者是取怨之道也。"⑤ 另一方面,"以德报怨"的动机令人怀疑,是真的不计恩怨,还是一种道德标榜,或是为了苟安容身,其中有否私心,令人难以判断真相。朱熹看出"以德报怨"有"以私害公""以曲胜直"的可能,并举例:"如吕晦叔为贾昌朝无礼,捕其家人坐狱。后

---

① 王文锦译解:《礼记译解》,中华书局,2016年,第720页。
② 〔汉〕郑玄注,〔唐〕孔颖达正义,吕友仁整理:《礼记正义》(下),上海古籍出版社,2008年,第2057页。
③ 同上书,第2059页。
④ 〔清〕孙希旦撰,沈啸寰、王星贤点校:《礼记集解》(下),中华书局,1989年,第1300—1301页。
⑤ 〔梁〕皇侃撰,高尚榘校点:《论语义疏》,中华书局,2013年,第379页。

吕为相，适值朝廷治贾事，吕乃乞宽贾之罪，'恐渠以为臣与有私怨'。后贾竟以此得减其罪。此'以德报怨'也。然不济事，于大义都背了。"①

在《礼记·表记》中，子曰："以德报德，则民有所劝。以怨报怨，则民有所惩。《诗》曰：'无言不雠，无德不报。'"而在《论语》中则没有出现"以怨报怨"，而是提出"以直报怨"。邢昺疏曰："以直报怨，以德报德者既不许，或人以德报怨，故陈其正法言当以直道报仇怨，以恩德报德也。"② "以怨报怨"近于"以牙还牙"，会引起"冤冤相报何时了"的恶性循环，并非解决恩怨的最佳途径。朱熹将"以直报怨"之"直"理解为正直、公正的方法，因此他在《家训》中要求后代"仇者以义解之，怨者以直报之"。

此告或人报怨之道宜以直也。以直不必不怨，故《表记》又云："以怨报怨矣。"吴氏嘉宾说："以直者不匿怨而已。人之性情，未有不乐其直者，至于有怨，则欲使之含忍而不报。夫含忍而不报，则其怨之本固未尝去，将待其时之可报而报之耳。至于蓄之久而一发，将

---

① 〔宋〕黎靖德编，王星贤点校：《朱子语类》（第三册），中华书局，1986年，第1136页。
② 〔清〕阮元校刻：《十三经注疏：附校勘记》，中华书局，1980年，第2513页。

至于不可御，或终于不报，是其人之于世，必以浮道相与，一无所用其情者，亦何所取哉？以直报怨，凡直之道非一，视吾心何如耳。吾心不能忘怨，报之直也，既报则可以忘矣。苟能忘怨而不报之，亦直也，虽不报，固非有所匿矣。怨期于忘之，德期于不忘，故报怨者曰'以直'，欲其心之无余怨也。报德者曰'以德'，欲其心之有余德也。其心不能忘怨，而以理胜之者，亦直以其心之能自胜也。直之反为伪，必若教人以德报怨，是教人使为伪也。乌可乎？"（清刘宝楠《论语正义》卷十七）

刘宝楠引用的吴氏嘉宾观点，从心理角度论述了人对待"怨"的态度。如果忘不了怨恨，以正直去解决，那么心中积怨消除，之后便自然忘却。同样，如果没有以正直去解决怨恨，而是真的忘记了怨恨，那也是正直的一种表现。

"直"与"礼"的关系

无论是正直之"直"还是率直之"直"，都是人的真情实感的表现，是人在面对事物时最直接的态度和情绪。"刚、毅、木、讷近仁"，人能够将真实的情感表达出来是值得肯定的，孔子视之为近于"仁"。相反，"巧言令色，鲜矣仁"，虚伪掩饰的情感则远离、背离了"仁"。但孔子同时认为，真实情感的宣泄不可无所节制，应以

"礼"约束和规范"直",即"直而无礼则绞""好直不好学,其蔽也绞",亦即《诗大序》所言"发乎情,止乎礼义"。

"克己复礼为仁"中"克己"究竟指什么?就是节制自身的"直",以此由"近仁"达到真正的"仁"。子曰:"质胜文则野,文胜质则史;文质彬彬,然后君子。"此处谈"质"与"文",实际同样可以说"直"与"礼"。"直"是一种值得提倡的优秀品质,但缺少了"礼"的节制就显得比较粗鄙;而如果只注重"礼"而不够"直",则显得浮夸。节制的分寸,即"质"与"文"、"直"与"礼"兼备且恰当的关系,就在于"彬彬",实际上也就是儒家强调的"中和""中庸",而达到"中和""中庸"的状态也就实现了"仁"。情感未发之时为"中",情感已发而合宜为"和"。这里"和"的意思并非和平,更不是一团和气,而是恰当、合宜,以恰当、合宜为普遍适用的准则。"礼之用,和为贵","礼"的运用,以恰当为最佳。但如何才算恰当?需要"礼"所对应的另一面"直"做参照,在"直"与"礼"之间取恰当便是"中庸"。但孔子也清楚,要做到理想中的"中庸"并非易事,有时只好退而求其次,故曰:"不得中行而与之,必也狂狷乎!狂者进取,狷者有所不为也。"

"直"与"礼"的"中庸"即为"仁","直"与"礼"是实现"仁"的两个基本要素,但是在《论语》中"直"

出现的次数远少于"礼"。或许因为在孔子的时代强调"礼"的节制作用更为重要，更符合那时的现实需要。要做到"直"与"礼"的"中庸"是非常难的，因为所要求的恰当、合宜缺乏具体的标准和规范，由此要达到"仁"的境界也非易事，这从孔子没有直接给出"仁"的含义并且极少以"仁"评价人便可知晓。孔子认为自己也没有达到"仁"，因此说："若圣与仁，则吾岂敢。"在孔子的心目中曾有两个人达到了"仁"的境界，一是不用武力而使国家强大、使天下人诚服的管仲，二是让百姓说话、满足百姓愿望、不滥用权威、不封民之口的子产。不过"中庸"标准的缺失也说明，今天有人将其理解为折中、取中、平均显然过于简单化了。如果"中庸"就是折中、取中、平均，那么其标准就明确了，其操作又有何难呢？此外，"中庸"也绝没有一团和气的意思。当今一些人误以为学习礼仪的目的就是刻意将人际关系搞得一团和气，从而获取自己的利益或成功，而一些礼仪教师和培训师也刻意宣讲所谓礼仪的"成功之道"，试图培养出八面玲珑的社交"高材生"。事实上，这恰恰违背了"中庸之道"，远离了"直"道，而陷入了浮华与功利。在这种情况下，跳出"直"的纲常伦理局限性，深入揭示"直"所蕴含的公正无私、实事求是、明辨是非之意，使之服务于当代社会的公正法治和崇德向善道德风尚，具有十分重要的现实价值。

"礼"与"君子":从古之君子到今日绅士

国人在赞美一个人的品质高尚时会称其为"君子",一些长辈在教育后代时也会要求孩子做"君子"。"君子"是孔子的理想化人格,清华大学的校训"自强不息、厚德载物"就源于据传为孔子所作的《周易·象传》中对于"君子"提出的要求,即"天行健,君子以自强不息""地势坤,君子以厚德载物"。这两句话将"君子"的品性提升到与天地并称的最高地位,为后世完善自身道德修养树立了永恒的标准。

如同"君子"在中国一样,"绅士"在英国历史文化中也占有非常重要的地位,它是英国贵族精神的集中体现。随着社会的发展,"绅士"不再限于贵族,整个社会对"绅士"的尊重由向上层看齐转变为向人格看齐,只有具备高尚的道德修养、受过良好教育、待人谦虚、有风度、讲礼仪的男士才可以称为"绅士",相对应的具有这些品质的女性则被称为"淑女"。如今"绅士精神"已经为全世界所接受,我国的一些家长也在致力于将孩子培养成"绅士"和"淑女",因此相关的书籍和课程受到热烈追捧,而且这些书籍和课程常常以礼仪作为主要内容。那么中国古代的"君子"是怎样的人?"君子"

之"礼"对今天培养"绅士"和"淑女"有怎样的启示呢？

"有位"之"君子"

"君子"一词广见于先秦典籍中，本多指社会地位高的人，如金景芳、吕绍纲两位先生所言："就像诸侯之子称公子，天子之子称王子一样，君子就是君之子。君之子当然是贵族，是统治阶级。与之相对应的则是小人，劳力者。孔颖达说：'言君子者，谓君临上位，子爱下民，通天子诸侯兼公卿大夫有地者。'"① 同时，由于宗法制要求地位高的人具有相应的德性，所以"君子"逐渐兼指品行高尚的人。因此崔述说："君子云者，本皆有位者之称，而后世以称有德者耳。"②

在先秦文献中"君子"与"小人"这对概念首先是以人的社会地位来区分的，并被赋予不同的社会职能。《左传》云："君子勤礼，小人尽力"，"君子劳心，小人劳力，先王之制也"。《国语·鲁语上》云："君子务治而小人务力。""有位"之"君子"忙于安顿秩序、治理国家等脑力劳动，而"无位"之"小人"则从事体力劳动。

孔子率先将"君子"一词全面用于人的道德品性。在《论语》中"君子"一词共出现 107 次，可见孔子以

---

① 金景芳、吕绍纲：《周易全解》，吉林大学出版社，2013年，第17页。
② 〔清〕崔述：《崔东壁遗书》，上海古籍出版社，2013年，第352页。

培养"君子"为己任。"《论语》的'君子'有时指'有德者',有时指'有位者'"①,当然也有时指品德与地位兼具的人,即"修己和治人的统一体"②。萧公权曾指出:"孔子言君子,就《论语》所见观之,则有纯指地位者,有纯指品性者,有兼指地位与品性者。如孔子谓'君子而不仁者有矣夫,未有小人而仁者也'。"③事实上,整部《论语》都是孔子在教育弟子如何成为"君子",开篇便是"子曰:'学而时习之,不亦说乎?有朋自远方来,不亦乐乎?人不知而不愠,不亦君子乎?'",以此说明"君子"对待学习的态度。

　　孔子的"君子"与"小人"是相对立的两个概念,是两种截然不同的人。"小人"在《论语》中出现24次,与"君子"一样,有时指地位,有时指品性,也有时地位和品性兼指。就纯指地位者而言,"唯女子与小人为难养也"便是一例典型。该句全文为:"唯女子与小人为难养也,近则不逊,远则怨。"这句话之所以给孔子招来了"歧视女性"的恶名,大概并非仅因为孔子说女人难于相处、不易掌握合适的相处距离和相处方式,而

---

① 杨伯峻译注:《论语译注》,中华书局,2007年,第3页。
② 林宏星著:《差等秩序与公道世界——荀子思想研究》,上海人民出版社,2016年,第129页。
③ 萧公权:《中国政治思想史》(一),辽宁教育出版社,2001年,第65页。

更可能在于孔子将女人与"小人"并称，因为今天所说的"小人"多指道德品质低下的人，甚至卑鄙下流无耻之徒。在男女平等早已成为主流价值观的今天，将女人与道德品质低下的"卑鄙小人"并称，自然令人感到是可忍孰不可忍，引发人们一系列的误解、争议甚至诟病。为给孔子"开脱罪名"，一些人对句中的"女子"和"小人"做了多种新解，例如将"女子"解释为女孩子或者"汝子"，将"小人"解释为小孩、未成年人，但此类新解大多仍难以讲通。事实上，按照朱熹的解释"此小人，亦谓仆隶下人也"[1]，也就是说这里的"小人"纯指地位，便不难理解孔子的话了。也有学者认为，"小人"是宗法制下家族中的小宗。这些从"无位"的角度对"小人"的限定，应该是接近孔子本意的，也有助于对整句话的理解。一方面，在孔子所处的时代女人地位低下是社会现实，将两类"无位"者放在一起并称，是对现实状况的描述。另一方面，在孔子眼中，能够达到"君子"标准的人是极少数，他甚至认为尧舜在"修己以安百姓"方面也称不上是"君子"，弟子子张、子夏因做不到"文质彬彬"也称不上"君子"。可见即便从品性高下讲，大多数人都是达不到"君子"境界的"小人"，那么这种"小人"便是普罗大众，显然与今天人们所说的"卑

---

[1] 〔宋〕朱熹撰：《四书章句集注》，中华书局，2016年，第183页。

鄙小人"是不同的。由此可知,在当时语境下将"女子"与"小人"并称,主观上并无贬低、侮辱之意。当然,这并非有意论证孔子是否"歧视女性",而仅仅是为了厘清《论语》中"君子"和"小人"这对概念的本来含义。

就兼指有地位与有品性者来说,《周易·系辞下》记载了孔子"德位相配"的观点:"德薄而位尊,智小而谋大,力小而任重,鲜不及矣!"当季康子问政于孔子时,孔子给这位"有位者"的建议是:"君子之德风,小人之德草,草上之风,必偃。"领导者品性高尚可以对百姓的品性产生良好的影响,如同风吹向哪边,草就倒向哪边,这就要求领导者以自己的品性为示范去影响百姓,也就是要求"有位者"必须"有德"。格外重要的是,孔子以"学而优则仕"赋予了"君子"新意,"旧义倾向于就位以修德,孔子则侧重修德以取位"[①]。这对中国人的个体发展路径产生了深远影响,成为一种根深蒂固的传统。

在其他先秦文献中,从地位出发并要求德性与地位相匹配的"君子"也多有出现。例如《左传》记载的"魏舒辞贿"的典故就是很好的例证。

冬,梗阳人有狱,魏戊不能断,以狱上。其大宗赂

---

① 萧公权:《中国政治思想史》(一),辽宁教育出版社,2001年,第66页。

以女乐，魏子将受之。魏戊谓阎没、女宽曰："主以不贿闻于诸侯，若受梗阳人，贿莫甚焉。吾子必谏！"皆许诺。退朝，待于庭。馈入，召之。比置，三叹。既食，使坐。魏子曰："吾闻诸伯叔，谚曰：'唯食忘忧。'吾子置食之间三叹，何也？"同辞而对曰："或赐二小人酒，不夕食。馈之始至，恐其不足，是以叹。中置，自咎曰：'岂将军食之而有不足？'是以再叹。及馈之毕，愿以小人之腹为君子之心，属厌而已。"献子辞梗阳人。
（《左传·昭公二十八年》）

公元前514年，晋国的执政大臣韩宣子去世，由魏舒继任执政大臣。魏舒把两个旧贵族的田地分割为十个县，分别派一些贤能有功的人去担任这些县的长官，其中魏戊被派到梗阳县。就在这一年，梗阳有人打一桩官司，魏戊觉得这桩官司他很难断定，便上报给魏舒处理。这时候，诉讼的其中一方暗中送给魏舒一组女乐，魏舒打算收下来。魏戊知道这件事后，就对大臣阎没和女宽说："魏舒以不受贿赂而扬名各国，如果收下女乐就是收受了最大的贿赂。您二位一定要劝谏他！"阎没和女宽答应了。一日退朝后，他俩仍留在庭院里。当饭菜送来时，魏舒就招呼他俩一起用餐。阎没和女宽眼盯着桌上的饭菜，一起叹了口气，然后餐间又两次叹气。吃完饭后，魏舒问他们说："我听我的伯父、叔父说过，人生要经历许多愁苦，只有在吃饭时可以暂时忘却，您二位刚才为什么三次叹气呀？"两人答道："因为昨晚没有吃好，肚子觉得饿了，担心饭不够吃，所以才叹息。当看到饭菜很丰盛，所以又抚心自咎，魏将军家怎么会食而不足呢？不由得又自悔自叹。现在酒足饭饱了，觉得君子的心也和小人的肚子一样容易满足就行了，应该把小人肚子的感受告诉将军。我俩觉得饭够吃的，酒够喝的就可以了，再好的东西也不想要了。"阎没、汝宽以此暗示和告诫魏舒不要贪得无厌，为酒色所迷而收下他人送的女乐。魏舒听后顿然醒悟，推辞掉了贿赂。这就是"以小人之心，度君子之腹"的出处。可以看出，这里的"君子"和"小人"是从地位来确定的，阎没、汝宽自称"小人"是部下、属下之意，同时也说明"有位"的"君子"被要求具备高尚的品性。

"有位"之"君子"致力于安顿社会秩序，《荀子·王制》云："君子者，礼义之始也"，又云："天地生君子，君子理天地。"荀子认为，"欲多而物寡"引起社会关系的紧张，但君王不用事必躬亲，而要依靠君子治国，因为"君子"通晓、擅用"礼法"，君王只需任用"君子"诛恶化民，便可使人人归于"礼义"。"无君子则道不举……君子者，道法之"，只有"礼法"而没有"君子"来执行，"礼法"就无法发挥治国的作用；"有良法而乱者有之矣；有君子而乱者，自古及今，未尝闻也"，"君子"是天下"治而不乱"的保证;"治生乎君子,乱生乎小人",荀子认可"君子"的专长在于治国,但他并不认为"君子"有能力包办一切,因为社会分工的存在有其客观性和合理性。

君子之所谓贤者,非能遍能人之所能之谓也;君子之所谓知者,非能遍知人之所知之谓也;君子之所谓辩者,非能遍辩人之所辩之谓也;君子之所谓察者,非能遍察人之所察之谓也:有所正矣。相高下,视垸肥,序五种,君子不如农人;通货财,相美恶,辩贵贱,君子不如贾人;设规矩,陈绳墨,便备用,君子不如工人。不恤是非、然不然之情,以相荐撙,以相耻怍,君子不若惠施、邓析。若夫谲德而定次,量能而授官,使贤不肖皆得其位,能不能皆得其官,万物得其宜,事变得其应,慎、墨不得进其谈,惠施、邓析不敢窜其察。言必当理,事必当务,是然后君子之所长也。(《荀子·儒效篇》)

"君子壹于道而以赞稽物",通晓、善用"礼法","言必当理","事必当务",因此治理国家是其专长,但"君子"并非"遍能""遍知""遍辩""遍察"。士农工商各有所长,只有各安其位才能国固民安。正如子夏曰:"百工居肆以成其事,君子学以致其道。"

"德位相配"在历史上有过一定的积极意义,但它必然是人治，而不是法治。"德位相配"的观念对国人影响极深，历朝历代百姓都在期盼出现"明君"和"青天大老爷"，可惜在没有体制保障的情况下要求"有位"之"君子"必须"有德"是不可能实现的理想，历史已经证明"明君"不常有。英国思想史学家阿克顿勋爵说"权力导致腐败，绝对权力导致绝对腐败"，"有位"与"有德"并不存在必然联系。

"有德"之"君子"

孔子将道德品性引入到"君子"的标准中，他期待自己的弟子成为"有德"之"君子"，叮嘱子夏"女为君子儒，无为小人儒"，即要做有道德的儒者，而不要做没有道德的儒者，"君子"成为后世文人自我修养的目标。《论语》中出现了纯指品性的"君子"，孔子在陈国粮绝，跟随的人饿病了，爬不起床来。"子路愠见曰：'君子亦有穷乎？'子曰：'君子固穷，小人穷斯滥矣。'"这里的"君子"穷困潦倒，明显不是"有位者"，而是穷亦有道的"有德者"。《论语》还指出"君子"的三大表征即"君子之道三"为"仁""智""勇"，这三种品行皆为道德要求。

"有德"的"君子"与"无德"的"小人"内心世界完全不同。"君子坦荡荡，小人长戚戚"，"君子"内心坦荡，而"小人"则心中忧愁。"君子泰而不骄，小人骄而不泰"，"君子"坦荡泰然而不骄慢，"小人"骄慢而忧惧不安。程颐以"君子循理，故常舒泰；小人役于物，故多忧戚"①指出两种不同心态的根源所在："君子"遵循天地之道义，所以内心十分平和安宁；"小人"则追名逐利而被外物所役使，因此心中患得患失、忧惧不安。

　　"君子"与"小人"的品性不同、心态不同，这也造成二者在行为上的差距。"君子喻于义，小人喻于利"，"君子"和"小人"在面对道义与利益时所看重的和选择的截然不同。"君子成人之美，不成人之恶。小人反是"，"君子"和"小人"待人的方式不同。"君子周而不比，小人比而不周"，"君子"以道义相团结而不以利益相勾结，"小人"以利益相勾结而不以道义相团结。"君子求诸己，小人求诸人"，"君子"总是反省自己，小人总是责备他人。《论语·子路》中"君子和而不同，小人同而不和"一句更加为人所熟知，但也常被误解。这里的"和"并非和气、和平，而是适当、恰当，"同"也并非相同、一致，而是盲从附和。因此，杨伯峻先生将这句话译为："君子用自己的正确意见来纠正别人的错误意见，使一切都做到恰到好处，却不肯盲从附和。小人只是盲从附和，却不肯表示自己的不同意见。"②

---

① 〔宋〕朱熹撰：《四书章句集注》，中华书局，2016年，第102页。
② 杨伯峻译注：《论语译注》，中华书局，2007年，第195页。

"和"与"同"是春秋时代的两个常用术语,《左传》昭公二十年所载晏子对齐景公批评梁丘据的话,和《国语·郑语》所载史伯的话都解说得非常详细。"和"如五味的调和,八音的和谐,一定要有水、火、酱、醋各种不同的材料才能调和滋味;一定要有高下、长短、疾徐各种不同的声调才能使乐曲和谐。晏子说:"君臣亦然。君所谓可,而有否焉,臣献其否以成其可;君所谓否,而有可焉,臣献其可以去其否。"因此史伯也说,"以他平他谓之和"。"同"就不如此,用晏子的话说:"君所谓可,据亦曰可;君所谓否,据亦曰否;若以水济水,谁能食之?若琴瑟之专一,谁能听之?'同'之不可也如是。"我又认为这个"和"字与"礼之用和为贵"的"和"有相通之处。因此译文也出现了"恰到好处"的字眼。(杨伯峻《论语译注》)

　　"君子和而不同"的"和",与"礼之用,和为贵"以及"喜怒哀乐之未发谓之中,发而皆中节谓之和"的"和"含义是相通的,皆为恰当之意。"君子"践行"中和""中庸",即使他人看不到、听不到的时候以及在细微的地方也要做到"慎独",时时处处事事做到恰当、合宜。孔子说:"君子中庸,小人反中庸。君子之中庸也,君子而时中;小人之中庸也,小人而无忌惮也。"(《礼记·中庸》)"君子"符合"中庸之道",是因为其言行时时刻刻合宜恰当,"小人"不符合"中庸之道",是因为其言行肆无忌惮。但是孔子感叹"中庸之道"并非易事:"中庸其至矣乎!民鲜能久矣。""中庸之道"难以做到表现在有人过度有人不及。"道之不行也,我知之矣:知者过之,愚者不及也。道之不明也,我知之矣:贤者过之,不肖者不及也。人莫不饮食也,鲜能知味也。"(《礼记·中庸》)聪明之人的言行越过了"中庸之道",有才德之人的认识越过了"中庸之道";愚笨之人的言行达不到"中庸之道",无才德之人的认识达不到"中庸之道"。孔子认为,人们做不到、认识不到"中庸之道",就犹如人每天都要吃喝却很少有人能够辨知滋味一样,于是感慨:"道其不行矣夫!"甚至在自己的弟子中,孔子也认为少有能够做到中庸之道的"君子"。《论语·先进》载:子贡曾问孔子"子张和子夏两人中谁有才能",孔子答"师也过,商也不及",即"子张过度,子夏不及",子贡误以为这是说过度的子张胜于不及的子夏,但孔子却说"过犹不及"。孔子所追求的"中庸"就如宋玉笔下"东家之子"的美,"增之一分则太长,减之一分则太短;着粉则太白,施朱则太赤",刚好那么恰当、合宜。可见,在孔子心目中"君子"的品性标准之高,而品性的标准在于"中庸之道"。

孔子认为,为了达到"中庸"的境界,"君子"需要学习。《论语》中除开篇就对"君子"提出学习方面的要求，孔子对"君子"与学习的关系还有诸多论述。例如，"君子食无求饱，居无求安，敏于事而慎于言，就有道而正焉，可谓好学也已"，说明好学是君子的人格特征；"君子不重，则不威；学则不固"，强调只有品性高尚才能够巩固所学的知识。

后世对"君子"的认识不断发展，还赋予了其美学品位和美学修养的要求，而美学品位和美学修养则能够反映出"君子"的内在德性。宋代山水画家郭熙曾说："君子之所以爱夫山水者，其旨安在？丘园养素，所常处也；泉石啸傲，所常乐也；渔樵隐逸，所常适也；猿鹤飞鸣，所常亲也；尘嚣缰锁，此人情所常厌也；烟霞仙圣，此人情所常愿而不得见也。……然则林泉之志、烟霞之侣，梦寐在焉，耳目断绝，今得妙手，郁然出之，不下堂筵，坐穷泉壑，猿声鸟啼，依约在耳；山光水色，滉漾夺目，斯岂不快人意，实获我心哉！此世之所以贵夫画山之本意也。"①

"君子"的地位、品性与"君子"之"礼"是一致的，因为这种地位和品性本身就是对"礼"的等级秩序的维护，并体现在具体仪节方面。孔子曰："君子有九思：视思明，听思聪，色思温，貌思恭，言思忠，事思敬，疑思问，忿思难，见得思义。"（《论语·季氏》）"九思"

---

① 〔宋〕郭思编，刘维尚编著：《林泉高致》，中国纺织出版社，2018年，第17—18页。

对"君子"言行的各个方面提出了总的原则。身为"君子",言行必须以"仁义"为追求和行为导向。当颜渊问孔子"为仁"的行动纲领时,孔子曰:"非礼勿视,非礼勿听,非礼勿言,非礼勿动。"(《论语·颜渊》)曾子传承孔子的思想,在"九思"的基础上对"君子"提出了非常具体的要求,表达了"三乐""三费"等"有所为,有所不为"的鲜明观点。

君子有三费,饮食不在其中。君子有三乐,钟磬琴瑟不在其中。……有亲可畏,有君可事,有子可遗,此一乐也。有亲可谏,有君可去,有子可怒,此二乐也。有君可喻,有友可助,此三乐也……少而学,长而忘之,此一费也。事君有功,而轻负之,此二费也。久交友而中绝之,此三费也。(《韩诗外传》卷第九)

君子不绝人之欢,不尽人之礼。来者不豫,往者不慎也;去者不谤,就之不赂,亦可谓之忠矣。君子恭而不难,安而不舒,逊而不谄,宽而不纵,惠而不俭,直而不往,亦可谓知矣。君子入人之国,不称其讳,不犯其禁,不服华色之服,不称惧惕之言。故曰:"与其奢也,宁俭;与其倨也,宁句;可言而不信,宁无言也。"(《大戴礼记·曾子立事》)

孟子也提出了自己的"君子三乐":"君子有三乐,

而王天下不与存焉。父母俱存，兄弟无故，一乐也；仰不愧于天，俯不怍于人，二乐也；得天下英才而教育之，三乐也。"（《孟子·尽心上》）这"三乐"主要从人生状态、追求和事业上提出了"君子"的标准。

荀子则在《乐论》中提出了"礼乐"对于"君子"修身治国的重要性。"在修身上，君子'以钟鼓道志，以琴瑟乐心'，以礼乐陶冶性情、规范言行，则能'乐行而志清，礼修而行成'，而且'乐合同，礼别异'，礼乐相互配合，可以'管乎人心'，提升人的德行修养。在治国上，推崇礼乐，则'贵贱明，隆杀辨，和乐而不流，弟长而无遗，安燕而不乱'，足以正身安国，进而安定天下，实现王道；反之，如果礼乐衰微，风俗败坏，'其声乐险'，'贱礼义而贵勇力'，则陷于乱世。"[1]

今日"君子"与"绅士"

"绅士"一词中国古已有之，本意为"束绅之士"。"绅"是古代士大夫束在外衣上的大带，用以彰显等级身份。《论语·卫灵公》中记载的"子张书诸绅"，便是子张将孔子的训导写在大带上。邢昺疏："以带束腰，垂其余以为饰，谓之绅。"[2] 中国古代的"绅士"是唐宋时

---

[1] 楼宇烈主撰：《荀子新注》，中华书局，2018年，第404-405页。
[2] 〔清〕阮元校刻：《十三经注疏：附校勘记》，中华书局，1980年，第2517页。

期随着科举制度的发展而逐渐形成的一个特殊阶层,他们介于官僚与民众之间,发挥着独特的社会作用。关于中国古代的"绅士",学界并没有完全一致的说法,但可以根据学者们的观点大致界定其范围。费孝通认为:"绅士是退任的官僚或是官僚的亲亲戚戚。他们在野,可是朝内有人。他们没有政权,可是有势力,势力就是政治免疫性。"① 吴晗认为:"官僚是士大夫在官时候的称呼,而绅士是官僚的离职、退休、居乡(当然居城也可以),以至未任官以前称呼";"绅士的身份是可变的,有尚未做官的绅士,有做过多年官的绅士,也有做过了官的绅士,免职退休,不甘寂寞,再去做官的"。② 张仲礼认为:"绅士的地位是通过取得功名、学品、学衔和官职而获得的,凡属上述身份者即自然成为绅士集团成员。"③ 周荣德认为:"士绅的成员可能是学者,也可能是在职或退休的大官。……在民国的政治秩序中,大地主和地方政客取代了旧式学者做政府与人民的中间

---

① 费孝通:《论绅士》,费孝通、吴晗等著《皇权与绅权》,华东师范大学出版社,2015年,第6页。
② 吴晗:《论绅权》,费孝通、吴晗等著《皇权与绅权》,华东师范大学出版社,2015年,第37页。
③ 张仲礼著,李荣昌译:《中国绅士:关于其在19世纪中国社会中作用的研究》,上海社会科学院出版社,1991年,第1页。

人。"①《现代汉语词典》的解释则是："指旧时地方上有势力、有功名的人，一般是地主或退职官僚。"②可见，"绅士"享有特权但又不掌权，他们与"君子"一样既被社会秩序所塑造，又成为维护秩序的力量。

今天人们所说的"绅士"与中国旧时的"绅士"已经大不相同。今天的"绅士"发端于欧洲，曾特指符合骑士精神和基督教理想的贵族男士，后逐渐泛指任何有良好教养、懂礼貌、善良、有荣誉感、尊重他人感受的男士，《现代汉语词典》解释为"称有现代文明修养的男士"③。早在两千年前，亚里士多德就曾提出过"绅士"的理想人格："无论身处顺境、逆境，一个宽宏大量的人总是追求行事适度。他不期望人们的欢呼喝彩，也不允许别人对他嘲弄贬低；成功的时候不会得意忘形，遭受了失败也不会愁眉苦脸。他不会去做无谓的冒险，不会随随便便谈论自己或者别人；他不在意别人的毁誉，也不会对人求全责备。"④亚里士多德强调"绅士"要行事适度，要懂得自制，这与孔子要求"君子"守中庸

---

① 周荣德：《中国社会的阶层与流动——一个社区中绅士身份的研究》，学林出版社，2000年，第5页。
② 中国社会科学院语言研究所词典编辑室编：《现代汉语词典》（第7版），商务印书馆，2016年，第1159页。
③ 同上。
④ ［美］奥里森·马登：《伟大的励志书》，中国档案出版社，2001年，第169页。

之道、"克己复礼"在一定程度上相契合。"他们的举止行动都要遵守所谓'礼',一种详尽但(最初期)不成文的礼仪规定。"①"绅士文化"在英国发展兴盛并成为一种民族文化,作为男性的一种人格魅力逐渐得到全世界的普遍认可和接纳。

从地位至品性的含义转变上看,欧洲的"绅士"与中国的"君子"也有着相似之处。今天,"绅士"和"君子"已经摆脱了地位的限制,中国人"学而优则仕"的观念开始逐渐淡化,个体的发展开始呈现出多元化,并倾向于国际上普遍公认的以道德、修养、学识等作为理想人格的标准。应该说,这是人类文明进步的体现,并且这一趋势会随着社会的发展和人的思想解放而进一步得到加强。

但是,今天一些人对于"君子"与"绅士"的认识也存在着误区。例如,有人认为"君子"重内在、"绅士"重外在。实际上并非如此,仅从《论语·乡党》中就可以看出,孔子对于"君子"仪表、服饰、举止等外在形象的重视可谓细致入微,"君召使摈,色勃如也,足躩如也。揖所与立,左右手,衣前后,襜如也。趋进,翼如也";"君子不以绀緅饰,红紫不以亵服。当暑,袗絺绤,必表而出之。缁衣,羔裘;素衣,麑裘;黄衣,狐裘。

---

① 周荣德:《中国社会的阶层与流动——一个社区中绅士身份的研究》,学林出版社,2000年,第1页。

亵裘长，短右袂"；"食不语，寝不言"；"席不正，不坐"；等等。《论语·泰伯》则指出："君子所贵乎道者三：动容貌，斯远暴慢矣；正颜色，斯近信矣；出辞气，斯远鄙倍矣。"容貌、神情、语言皆为内在德性的表现。由此可见"君子"并非只重内在、不重外在。同样，"绅士"也绝非只重外在、不重内在。"怎么才是绅士呢？绅士就要诚实、温和、慷慨、勇敢、睿智；拥有了这些品质，然后，用一种最优雅的方式将它们表现出来。圣帕莱耶则举出十二项美德，认为是一个绅士必须具备的。这十二项美德是：忠实，仁慈，公正，有判断力，审慎，节制，坚定，真实，豁达，勤奋，希望和勇气。除了这些之外，我们也许还可以加上对他人的感受、见解的宽容和体谅。"[1]《圣经·旧约》描述了绅士的特征："他就是行为正直、做事公义、心里说实话的人。他不以舌头诽谤人，不恶待朋友，也不诽谤邻里。他眼中藐视匪类，却尊重那敬畏耶和华的人。他发了誓，虽然自己吃亏也不更改。"[2] 可见，无论"君子"还是"绅士"都强调内外兼修、表里如一，内外缺一或表里不一都称不上"君子"和"绅士"。

再如，还有人认为，"君子"是中国的，"绅士"

---

[1] ［英］塞缪尔·斯迈尔斯：《命运之门》，北京图书馆出版社，2000年，第24页。

[2] 同上书，第29页。

是欧洲的特别是英国的,中国无"绅士",只有"君子","绅士"是"西方"的概念,与中国文化无关。虽然历史上中国的"君子"与欧洲的"绅士"产生的社会背景不同,道德、修养、学识、形象、举止等具体要求也有所不同,但二者对于理想人格的追求则有着一致性,并随着时代的进步愈加趋同,应将二者共同放到人类文明的发展中去看待。倘若今天还非要强调二者的不同,难道还要求今天的"君子"去维护封建等级秩序吗?今天,人们在称赞一个人是"君子"或"绅士"的时候常常将二者通用,恐怕很少会先分辨一下对方是"君子"还是"绅士"然后再选择二者之一去称赞,因为二者之间的差别已然变小,而共性则显然占据主要方面。

在人类文明进步的事情上,努力"求同"是必要的,在这一过程中"君子"也需要被时代赋予新的内涵。

其一,从性别的角度看,先秦文献中的"君子"通常指男性,随着社会的发展,男女平等成为文明社会的主流价值观,"君子"有时也用于指女性,例如鲁迅先生称"刘和珍君""杨德群君""张静淑君"。虽然"绅士"仅指男性,但伴随文艺复兴、宗教改革和启蒙运动的到来,妇女开始从旧的道德规范的束缚中解放出来,产生了与具有骑士精神的"绅士(gentleman)"相对应的专指女性的"淑女(lady)"概念,并将"女士优先"作为"绅士"风度的体现。如今"女士优先"已经成为国际社会公认的礼仪原则,在成年异性进行社交活动之时,每一名男子都有义务主动且自觉地以自己的实际行动去尊重女士、照顾女士、体谅女士、保护女士,并且想方设法、尽心尽力地为女士排忧解难。倘若因为男士的不慎而使妇女陷于尴尬、困难的处境,则意味着男士的失职。男士们唯有奉行"女士优先"原则,才会被人们看作是有教养的绅士;反之,则会成为人们眼里的莽夫粗汉。同时还应认识到,在男女平等成为主流价值观的今天,"女士优先"并非出于对女性的怜悯、同情,而是发自内心尊重女性的表达。因此,能否做到尊重女士也理应成为检验男士是否称得上"君子"的标准之一。

其二,从礼仪的角度看,无论男士还是女士,若要配得上"君子"之称,或者说若要男士配得上"绅士"、女士配得上"淑女"之称,需要努力追求内外兼修、表里如一。契诃夫说:"一个人,只有他身上的一切——他的容貌,他的衣服,他的灵魂和他的思想——全是美的,才能算作完美。"[1] 今天,当人们看到一位男士风度翩翩、待人接物周全,特别是在社交场合主动关照、帮助女士时,就会称其为"绅士";看到一位女士容貌姣好、服饰高雅、举止得体时,就会称其为"淑女"。这些外在的礼貌、礼节当然是"君子""绅士""淑女"

---

[1] [俄]契诃夫著,焦菊隐译:《契诃夫戏剧全集〈万尼亚舅舅·三姊妹·樱桃园〉》,上海译文出版社,2018年,第34页。

的基本素养，但更重要的仍要看其对礼仪之精神的追求。如果内在品性与外在表现不能够达成一致，仅以良好的外在表现来评判其为"君子""绅士""淑女"的话，那无疑是拉低了"君子""绅士"和"淑女"的标准。"只注重外在行为的控制最好的结果是造成一个伪君子或假斯文，最坏则是文明礼貌成为作恶的借口或掩饰。"① 因此，"君子"行礼仪要避免浮华、虚伪，应在重视外在表现的同时表达自己的真情实感。子曰："质胜文则野，文胜质则史。文质彬彬，然后君子。"性情不受礼仪的约束就显得粗鲁，礼仪掩饰了真性情就显得虚浮，性情与礼仪相合宜恰当，才称得上"君子"。孔子对"君子"的这番阐述在今天仍然适用。

其三，从社会责任的角度看，"君子"不仅要注重个人修养，还应具有社会责任感。《大学》要求"君子"在"修身"的基础上"齐家""治国""平天下"。古人以玉比"君子"之德，要求"君子"守身如玉。孔子曰："夫昔者君子比德于玉焉：温润而泽，仁也；缜密以栗，知也；廉而不刿，义也；垂之如队，礼也；叩之，其声清越以长，其终诎然，乐也；瑕不掩瑜，瑜不掩瑕，忠也；孚尹旁达，信也；气如白虹，天也；精神见于山川，地也；圭璋特达，德也；天下莫不贵者，道也。《诗》云：

---

① 张汝伦：《我们需要什么样的文明》，商务印书馆，2017年，第373页。

'言念君子,温其如玉。'故君子贵之也。"(《礼记·聘义》)《诗经·卫风·淇奥》云:"瞻彼淇奥,绿竹猗猗。有匪君子,如切如磋,如琢如磨。"这里以雕琢玉器来比喻"君子"修身之道,而"修身在正其心",即修身的根本在于端正自己的内心。虽然"君子"之德堪比玉贵,但"宁可玉碎,不能瓦全",为了正义的事业宁愿牺牲也不愿丧失气节、苟且偷生。与"君子"类似,"绅士"的境界并不局限于自身的修为,而包括由自身修为所延展开去的对他人的同情、仁慈、温和、宽容、慷慨,以及对实现自由、平等、博爱的社会理想的信念。英国公学是培养"绅士"的摇篮,公学的权威地位对于"绅士"人格形象的塑造发挥了重要作用,其中亨利六世创办的伊顿公学以"绅士文化"闻名世界。在第一次世界大战中英国男性在沙场上战死率约为11%,而从伊顿公学毕业的男子的战死率则约为20.6%,可见"绅士"的自我牺牲和奉献精神。这对于今日之"君子"与"绅士""淑女"的启示在于:仅仅具有高尚的道德情操和完美的礼仪修养是远远不够的,还要勇于凭此坚守社会的公平与正义,以追求人类文明的进步为己任。

有人认为,当今社会竞争激烈,做"君子"容易"吃亏",只有"狼性"才能使人增强竞争力。但若所有人都为一己私利而不择手段,那么小到一个团队大到整个社会的成本就会增加,竞争力就会下降。而一个充满"君子"、人人愿做"君子"的社会,才是一个低成本良性运行的环境。孟子曰:"仁之胜不仁也,犹水胜火。"只要水足够多,就一定可以灭火,只要"君子"足够多,社会道德就不至沦落。因此,我们应当做的不是怀疑"君子"存在的必要性,而是努力成为"君子"并爱护每一位"君子"。

传统礼仪与儒商精神

关于儒商,每个人心中都有自己的标准。有人认为,有学问的企业家就是儒商。有人认为,企业家不但在商业上获得成功,而且气质儒雅、对文化抱有兴趣甚至有所研究,就可称为儒商。有人则认为,企业家在商业成功的同时,还兼有高尚的道德品行,就是儒商。还有人认为,未必要在商业上获得多么巨大的成功,只要经营有道并兼具高尚的道德品性、较高的学识修养和审美品位,便是儒商。

在功利社会中,成功的企业家已经是令人羡慕和崇拜的对象,倘若还能具备品性和文化上的优势,那更近乎完人了。因此,当企业家被他人称为儒商,其本人也多会感到荣耀。

在中国历史上儒商是如何诞生的?儒商的标准是什么?儒商与传统礼仪有什么关系?传统儒商对今日新儒商又有什么样的启示与警示?

儒商的出现

上古时,虞舜指派大禹去治水,派契、后稷协助禹治水。十三年后,大禹治水成功,虞舜拜契为司徒,封于商,契成为商族的始祖,即商先公第一世。契相传是帝喾与简狄之子,而帝喾为"三皇五帝"中的"五帝"之一。按照司马迁编制的黄帝、玄嚣、蟜极、帝喾、契的世系,契的先祖便是被称为"中华始祖"的黄帝。但这一"黄帝世系"的说法在学术界一直存在争论,因为在远古时代母系氏族社会实行"族内婚",人们只知其母不知其父。文献上有简狄吞食玄鸟蛋而生契即"天命玄鸟,降而生商"的传说,契因此被称为"玄王"。一般认为,先商时期由契开始进入父系氏族社会。契活着的时候即被商族人视为神圣,死后灵魂归化为神,受到后人的祭祀,在甲骨文中称为"高祖夔"。

商先公第七世王亥重视畜牧业,擅长贸易。继商先公第三世相土驯服野马、发明马车即"相土作乘马"之后,王亥驯服了野牛、制造了牛车,这便是"王亥服牛"的典故。王亥经常率领族人驾着牛车与其他部落进行以物易物的商业贸易活动,后与有易氏发生冲突,王亥被有易氏之君绵臣所杀。王亥的儿子上甲微借助河伯的力量兴兵伐易,灭掉有易氏并杀掉绵臣,商的势力也从此扩展到易水流域。《山海经·大荒东经》《楚辞·天问》《竹书纪年》等文献对此均有记载。随着商族势力的发展强大,至公元前17世纪,汤灭掉夏朝,建立商朝,《国语·周语下》云:"玄王勤商,十有四世而兴",《荀子·成相》云:"契玄王,生昭明,居于砥石迁于商。十有四世,乃有天乙是成汤。"

商朝的农业、畜牧业发展很快,手工业也相当发达,进一步促进了商品交换的发展,出现了许多以牛车或船只从事长途贩运的商贾。西周初年,武庚叛乱,为周公所平。为防止商朝遗民的再度造反,周公便令他们迁居洛阳,从事经商活动,"肇牵车牛,远服贾,用孝养厥父母"。故此,从事经商活动的商朝遗民被称为"商人",他们的职业也被称为"商业"。当然,商人、商业本身在此之前已经存在,但从此时开始这两个名称确定下来。

回溯中国古代历史,"儒"最早指祭司,是从巫、史、祝、卜中分化出来的专司礼仪的人。在夏商时期他们受贵族的委托与上天"沟通",由于跟上天"对话"的过程极其神圣、规矩极为严谨,因而掌握这种程序及规矩的人形成了一个特殊的社会阶层"儒"。《说文解字》对"儒"的解释是:"儒,柔也,术士之称。从人,需声。"章太炎在《国故论衡·原儒》中说:"儒者,术士也。"[1]周灭商以后,周朝的人文理念发生了变化,不再祭拜神,而改为祭拜天,周王自称"天子"。儒者失去了代表贵族与上天通话的角色,而只是主持祭祀活动的人。周朝从王、诸侯至士的家族,都有祭祀活动,而所有的祭祀行为都需要儒者来主持,这些儒者有专门的服装,有专门的语言模式和规范动作,形成了专门的行为准则。

---

[1] 章太炎:《国故论衡》,商务印书馆,2017年,第149页。

孔子曾说"吾与史巫同涂而殊归者也"，但他同时也以"吾求其德而已"指出了自己与专门沟通鬼神、上天的术士的异同。孔子开办私学，人称"弟子三千，贤人七十二"，他和弟子将贵族所垄断的各种知识传播到民间，使儒者逐渐脱离了巫的知识范围，逐渐形成了儒家学派。庄子后学评论儒家，"性服忠信，身行仁义，饰礼乐，选人伦。上以忠于世主，下以化于齐民，将以利天下。"（《庄子·渔父》）儒是一个阶层，儒家是一个具有系统思想的学术派别。因此，李泽厚先生认为儒家是由巫师演化而来的。在这一过程中"儒"的含义也随之变化，《辞海》将"儒"解释为"古指学者"，今有专家将"儒"理解为"在近代则统指知书达理、博学通经的知识分子；而现代隐含着一种中国文化传统的象征，尤其是现代新儒学思潮的兴起与发展，使儒学代表着中国文化走向了世界"[1]。

随着儒家文化的发展，中国历史上出现了儒称现象，儒生、儒士、儒将、儒相、儒臣、儒吏、儒医、儒农、儒吏等名称相继出现，其中儒生、儒士等词在春秋战国时期的文献中就有多处记载，儒家文化渗透到各行各业中，凡是具有儒家思想的人都可以在其所从事的行业前冠以"儒"。儒商作为商人的一种类型早已出现，孔子

---

[1] 鲍健强、蒋晓东：《儒商之道》，浙江人民出版社，1997年，第5页。

的弟子子贡被后世尊为"儒商鼻祖"。子贡之后,历史上儒商一直在延续,但直到宋明时期才较多涌现,"由于商业在中国社会上的比重日益增加,有才智的人便渐渐被商业界吸引了过去"①,明代地方志记载的"士而成功也十之一,贾而成功也十之九"②就是历史的写照。社会上逐渐出现了以地域为标记的所谓晋商、徽商、浙商、闽商等商帮,涌现出诸多儒商的代表性人物。通常认为"儒商"一词大约是在明清时期才出现的。清光绪年间《申报》上出现以"儒商"一词介绍人物身份的文字:"燕山刘杏农先生,儒商也。"③但这里所指的是一位医术高明的医生,大概由于其经营医馆而称之为儒商。1946年《申报》的一篇介绍驻梵蒂冈教廷公使吴经熊的文章写道:"乃父葭窗公,系一儒商,为宁波商会之首任会长。"④

过去的儒商是指经商的儒家人士或信奉儒家思想的商人,而当代儒商则必定是经营有道的企业家,这里的"道"不仅是对儒家传统"仁""义""礼""智""信"的继承和发展,也是对正确义利观和家国情怀的持守,

---

① 余英时著,沈志佳编:《儒家伦理与商人精神》,广西师范大学出版社,2014年,第356页。

② 张海鹏、王廷元主编:《明清徽商资料选编》,黄山书社,1985年,第251页。

③ 《春回歇浦》,载《申报》,1885年10月24日,第5版。

④ 陈如一:《吴经熊公使》,载《申报》,1946年12月19日,第9版。

更是对现代文明的追求。而那些只有商业上的成功而缺乏道德修养、文化素养和现代文明理念的人，则被排除在儒商之外。

儒商的诞生、发展和复兴证明，"儒"和"商"不是对立的。日本近代企业家之父、儒商代表涩泽荣一提出了"论语+算盘"理论，重新建构与阐释了孔子的《论语》，倡导"道德经济合一"学说，甚至认为在经济活动中与经济理性相比更应该优先考虑伦理问题。1919年1月，80岁高龄的涩泽荣一在东京高等商业学校（现一桥大学）的讲演中对"道德经济合一"学说做出阐释："A.如果道德丧失，无论经济上有何种巨大的发展，都必将产生战争。战争反过来又会破坏经济。B.如果仅仅顾及道德，不发展经济，那么道德便是没有物质基础的空洞之物，即使弘扬高远之志，也往往力不从心。C.因此，'道德与经济'二者必须统一。一个国家应该如此，做人亦应该如此。"[1]

富而好礼

孔子的得意门生子贡是一位富有的商人，也是儒家的代表人物、"孔门十哲"之一，同时兼顾了"儒"和"商"两种身份。子贡不仅在学问、政绩方面有突出的

---

[1] ［日］小野进：《道德资本主义的经济学：涩泽荣一的道德经济合一论》，载《日本研究》，2015年第3期，第77–96页。

成就，而且在商业上也获得巨大的成功。孔子曾对颜回和子贡做过一番比较："回也其庶乎，屡空。赐不受命，而货殖焉，亿则屡中。"《论衡·知实》载："子贡善居积，意贵贱之期，数得其时，故货殖多，富比陶朱。"《史记》亦载："七十子之徒，赐最为饶益"（《货殖列传》），"子贡好废举，与时转货资……常相鲁卫，家累千金"（《仲尼弟子列传》）。可见，子贡擅长经商，总能准确预测市场行情，依据行情的变化做买卖，以成巨富。子贡把儒家社会治理理念应用到商业贸易活动中，他坚持"人弃我取、人取我与"的商业原则，在不同地区和不同季节间低价收购、平价售出，得到了广泛的认同和推崇，被后世尊为"儒商鼻祖"。子贡这样的儒商有别于一般意义的良商，良商是通过正当商业行为获利，然后用自己的收益去帮助别人。子贡则不同，他的商业模式本身就在造福社会，他从不囤积居奇坐地涨价，而是在让利于民的同时获取合理的收益，将"儒"和"商"很好地结合在一起。子贡复姓端木，名赐，因此他在经营中所秉持的仁义诚信原则被称为"端木遗风"。

司马迁在《史记·货殖列传》中记载了十七个人的经商活动，将子贡列在第二，他以相当多的笔墨对这位商业巨子予以表彰，肯定子贡凭借其经济成就而宣扬孔子的思想。他说："七十子之徒，赐最为饶益。原宪不厌糟糠，匿于穷巷。子贡结驷连骑，束帛之币以聘享诸侯，所至，国君无不分庭与之抗礼。夫使孔子名布扬于天下者，子贡先后之也。此所谓得执而益彰乎？"子贡因商业成功而在诸侯国中获得的显赫地位和巨大影响力，诸侯不但需要他的货物，也需要他的才学和政治见解，他利用这一优势宣扬孔子的思想，把儒家思想践行到商业活动中，以经济利益调节诸侯国之间的关系，越王勾践在与子贡见面时甚至"除道郊迎，身御至舍"。经商成为子贡宣传政治主张和实现外交才干的重要条件，他以此成为孔子的代言人和杰出的外交家。同时，子贡还是孔子及弟子周游列国传播儒家思想的经济支持者，孔子"和大商人子贡生活在一起（至少是子贡做买卖，供给周游列国的孔子和同门）"[1]。

孔子对子贡非常器重，常常将其学说的真谛传授给子贡，其中包括"为仁""为士""为政"以及"己所不欲，勿施于人"等重要思想。《论语·公冶长》载："子贡问曰：'赐也何如？'子曰："女，器也。"曰：'何器也？'曰：'瑚琏也。'"瑚琏是古代祭祀用的礼器，非常尊贵。孔子以瑚琏比子贡，是指子贡乃国家社稷之大器，可见，孔子对子贡的评价之高在孔门众多弟子中堪称独一无二。

子贡礼待恩师，曾多次奋力维护孔子的荣誉。《论

---

[1] 吴慧：《中国古代商业史》（第一册），中国商业出版社，1983年，第227页。

语·子张》载,鲁国大夫叔孙武叔在朝廷中对官员们说:"子贡贤于仲尼。"子贡得知后马上反驳说:"譬之宫墙,赐之墙也及肩,窥见室家之好。夫子之墙数仞,不得其门而入,不见宗庙之美,百官之富。"当叔孙武叔毁谤孔子时,子贡挺身而出制止:"无以为也!仲尼不可毁也。他人之贤者,丘陵也,犹可逾也;仲尼,日月也,无得而逾焉。人虽欲自绝,其何伤于日月乎?多见其不知量也。"陈子禽怀疑孔子的伟大,对子贡说:"子为恭也,仲尼岂贤于子乎?"意指子贡不过是谦恭罢了,难道孔子真的比子贡强吗?子贡回答:"君子一言以为知,一言以为不知,言不可不慎也。夫子之不可及也,犹天之不可阶而升也。"《韩诗外传》载子贡答齐景公曰:"'臣终身戴天,不知天之高也。终身践地,不知地之厚也。若臣之事仲尼,譬犹渴操壶杓,就江海而饮之,腹满而去,又安知江海之深乎?'景公曰:'先生之誉,得无太甚乎?'子贡曰:'臣赐何敢甚言,尚虑不及耳。臣誉仲尼,譬犹两手捧土而附泰山,其无益于明矣。使臣不誉仲尼,譬犹两手把泰山,无损亦明矣。'"这些言论说明子贡在当时的名声、地位和影响已不在孔子之下,但他仍处处维护、推崇孔子。司马迁在《史记》中甚至认为孔子的名声之所以能布满天下,儒学之所以能成为当时的显学,在很大程度上是因为子贡推动的缘故,即"夫使孔子名布扬天下者,子贡先后之也"。

孔子在晚年身体衰微之时盼望子贡的到来，《史记·孔子世家》载："孔子病，子贡请见。孔子方负杖逍遥于门，曰：'赐，汝来何其晚也？'"孔子唯有对子贡才有这样的情感表达。孔子死后，子贡终日守在灵旁。鲁哀公前去吊唁，子贡伤痛万分，指责道："生不能用，死而诔之，非礼也。"孔子葬后，弟子皆服丧三年，"三年心丧毕，相诀而去"，只有子贡"庐于冢上，凡六年，然后去"。"孔子弟子三千，贤者七十二"，唯有子贡守墓六年之久，足见子贡对孔子的礼敬之情。

见利思义

"儒"与"商"、"义"与"利"往往被视为矛盾对立的两面，对于那些只顾利益不顾道义的商人，人们会斥之为见利忘义、唯利是图。白居易《琵琶行》云"商人重利轻别离"，直观地展现出人们对于商人重利轻义的印象。事实上，儒家并不排斥富有。子曰："富与贵，是人之所欲也；不以其道得之，不处也。贫与贱，是人之所恶也；不以其道得之，不去也。"又曰："富而可求也，虽执鞭之士，吾亦为之。如不可求，从吾所好。"孔子承认对于利益的欲望和追求是人之本性，但他同时强调道义，"不义而富且贵，于我如浮云"。可是"天下熙熙，皆为利来；天下攘攘，皆为利往"，对此儒家要求"义然后取，人不厌其取"。这种先"义"后"利"、

"义""利"并生，即合乎道义的富贵便可求、不合道义的富贵则不可求的思想，就是儒家的义利观。

与子贡相差十几岁的越国大臣范蠡，在帮助越王勾践实现了复国梦之后急流勇退，化名鸱夷子皮，来到齐国。他和家人在海边结庐而居，戮力耕作，兼营捕鱼、晒盐，很快积累了数千万家产。齐王听说他贤能，便请他做相国。范蠡感慨道："居家则致千金，居官则至卿相，此布衣之极也。久受尊名，不祥。"（《史记·越王勾践世家》）于是范蠡归还相印，把财产分给亲朋乡邻，只带少量财物不辞而别，来到陶这个地方。陶当时人口稠密，经济发达，是交易买卖、互通有无的商业要道，范蠡认为在此谋生置产，可以致富，于是定居下来，自称陶朱公。陶朱公做生意讲究薄利多销，赚钱只赚十分之一的利润，看准行情买卖货物，不久家产已达亿计，富比王侯，再次闻名天下。范蠡经营商业不求暴利，符合儒商求仁义、求诚信的原则，他在治国时提出的"农末俱利"的价格政策和"平粜齐物"的经济主张不但促进了经济发展，而且将儒商的经营方法理论化。故此，范蠡被后世尊称"商圣"，并被供奉为文财神。

随着徽商、晋商、浙商等商帮兴起，一度涌现出了诸多优秀的儒商代表。乾隆年间，徽商吴鹏翔在汉阳做生意，有一次买进八百斛胡椒，收到货物后发现这批胡椒有毒。卖主得知事情败露便来央求吴鹏翔退货，然而吴鹏翔拒绝退货,不仅没有收回货款,反而不惜成本地将这批有毒胡椒付之一炬。众人不解,问他缘故,他回答:如若卖主回购胡椒,势必再次转售,坑害他人,而自己将胡椒全部销毁,便可避免大范围中毒事件的发生。吴鹏翔之举,体现了徽商遵循儒家"明允笃诚""取予有义"的价值观。吴鹏翔"为人慷慨、见义必为",乾隆四十八至四十九年间,湖北大旱,汉阳饥荒,一时"米价踊贵","鹏翔适运得川米数万石,本可乘机大货其利,却悉数减价平粜以济饥民。上至大吏下至郡县咸与嘉奖。……人们都很敬重他。年八十一卒。"①

孔子曰:"君子喻于义,小人喻于利。"董仲舒说:"夫仁人者,正其谊不谋其利,明其道不计其功。"②朱熹认为:"义利之说,乃儒者第一义。"③传统儒商在经营实践中建构了"以义取利""以义制利"的商业原则。明代徽商舒尊刚阐述"义"与"利"关系时说:"钱,泉也,如流泉然,有源斯有流,今之以狡诈求生财者,自塞其源也;……圣人言:'以义为利。'又言:'见义不为,无勇。'则因义而用财,岂徒不竭其流而已,

---

① 休宁县地方志编纂委员会编:《休宁县志》,黄山书社,2012年,第1549页。
② 〔汉〕班固撰:《汉书》(第八册),中华书局,2014年,第2524页。
③ 〔宋〕朱熹:《与延平李先生书》,《四部丛刊初编》(二,《晦庵先生朱文公文集》),上海书店,1989年,卷二十四。

抑且有以裕其源，即所谓大道也。"① 这段话被总结为："生财有大道，以义为利，不以利为利。"② 作为商人，言利是初衷，本无可厚非，但绝不可唯利是图、见利忘义。清初婺源商人汪拱乾"赋性慷慨，人有缓急有求悉应。积券凡八千余金。一日，召当偿者来，合券遍归之"③。清代歙县商人叶良茂，"尝客常熟。值岁饥，以粟出贷，粟尽，继之以钱，以什器，囊橐一空。及秋获，人谋欲偿之，良茂焚其券，颂声载路"④。

孟子曰："其所以放其良心者，亦犹斧斤之于木也，旦旦而伐之，可以为美乎？"（《孟子·告子上》）朱熹集注曰："良心者，本然之善心，即所谓仁义之心也。""仁义之心"就是善心，经营商业不能以泯灭善心为代价。孔子曰："礼以行义，义以生利，利以平民，政之大节也。"（《孔子家语·正论解》）这句话道出了儒家义利观的本质，实为儒家经营哲学的精髓。

重诚守信

"信"是儒家五常之一，是儒商在商业经营中对"仁

---

① 张海鹏、王廷元主编：《徽商研究》，安徽人民出版社，1995年，第395页。
② 同上。
③ 徐国利：《朱子伦理思想与明清徽州商业伦理观的转换和建构》，载《安徽史学》，2011年第5期，第92-102页。
④ 《徽州府志》，明弘治十五年（1502），卷十二。

义礼智"思想的现实诠释。"信"既是一种道德规范,又是一种社会实践。孔子曰:"人而无信,不知其可也","自古皆有死,民无信不立"。后人将这些话用于做人、做事以及商业经营中,并提出社会公认的"人无信不立,事无信不成,商无信不兴"。关于诚信,儒商鼻祖子贡曾与孔子有多次谈话。子贡问孔子,怎样才可称为"君子"。孔子答:"先行其言而后从之。"子贡问孔子,怎样才可以称为"士"。孔子给出了三个等次的答案,其中"言必信,行必果"是最基本的要求。《礼记·中庸》云:"诚者,天之道也。诚之者,人之道也。"范仲淹言:"惟'不欺'二字,可终身行之。"(宋楼钥《范文正公年谱》)可见,"诚"被阐发为"道",诚实不虚是天地之道,诚实不欺是做人之道。"诚"和"信"是一对内外概念,"诚"更多地是指内诚于心,是对儒商道德个体的单向要求,强调儒商自身的内在德性,应守仁行义,以慎其独。内心之诚发于外便是"信"。对他人讲信用,才会获得他人的尊重和信任,才能促进自己的商业经营,形成良性循环,这被儒商视为成功的要诀之一。

人们常说"无商不奸",可见商人的社会声誉不佳。但明清儒商"贾道"而"儒行",将诚信的道德运用于商业经营之中,信守诚信的待客之道不仅为自己树立了良好的信誉,也使传统商人的形象得到了改观。山西票号极盛之时,汇总银两总数约在4至5亿两,实际控制了全国金脉。良好的信用正是其兴旺发展的重要因素。《续文献通考》曾评价山西票号的信誉："山右巨商，所立票号，法至精密，人尤敦朴，信用最著。"①

清代晋商乔致庸曾说："经商之道首重信，次讲义，第三才是利。"② 乔家的复字号商号之所以长盛百年，原因之一就在于其不图非分利润，靠信誉赢得了客户的信任。凡复字号的商品，必保质量，价格公道，绝不会以次充好，缺斤短两，使客户蒙受损失。因此，复字号被视为信誉的保证。复盛西面铺的米面质量高、分量足，咸丰末年该店把斗秤放大，比市面加一成。可见，乔致庸不但提倡诚信的经营理念，甚至将自己的商业经营升华至"仁义"的境界。有一年，乔家复字号复盛油坊名下通顺店从包头运来大批胡麻油往山西销售，经手店员为贪图厚利，竟在油中掺假。乔致庸得知此事，宁可损失收益，也要尽力挽回商誉，以保证长期的持久利润和品牌信誉。于是他命顾天顺和通顺店李掌柜连夜写出告示，贴遍全城，说明通顺号掺假事宜，凡是近期到通顺店买过胡麻油的顾客，都可以去店里全额退银子，以示赔罪之意，并以此事教育员工绝不干损人利己的事。这

---

① 〔清〕乾隆官修：《续文献通考》（1），浙江古籍出版社，2000年，卷十八。
② 盛禹九：《德是商之本，无德不成商》，载《社科信息文荟》，1995年第10期，第18-19页。

次胡麻油事件虽然令商号蒙受不少损失，但处理过程中展现出的诚信精神使其更加闻名远近。

在商言商是商人的共识，但贾而好儒的徽商大都能按照儒家的道德规范经营，主张以仁为本、重义轻利、以义获利、至诚至信，在赢得财富的同时，也书写了兴盛中国商界数百年的传奇。徽商吴南坡曾云："人宁贸诈，吾宁贸信，终不以五尺童子而饰价为欺"①，他的行为为自己赢得了极高的信誉。由于顾客不必担心受骗上当，"每入市，视封识为坡公氏字，辄持去，不视精恶长短"②。不久，吴南坡成为有名的大贾。徽商梅庄佘"家素贫，弱冠行贾，诚笃不欺人，亦不疑人欺"，因其"往往信人之诳"，有时失去暂时的利益，但结果却"利反三倍。中年积著累数千金，居乡以长厚闻"③。歙商鲍雯"一切治生家、智巧机利悉屏不用，惟以诚待人，人亦不吾欺，久之渐致盈余"④。歙商许文才则以"贸迁货居，市不二价"而成为儒商的典范。

胡雪岩的阜康钱庄开业不久，接待了一位存入一万二千两银子却既不要利息，也不要收据的特殊客

---

① 〔清〕吴雯清纂修：《古歙岩镇镇东碉头吴氏族谱》，清康熙。
② 张海鹏、王廷元：《明清徽商资料选编》，黄山书社，1985年，第279页。
③ 同上书，第278页。
④ 〔清〕鲍存良纂：《歙新馆鲍氏著存堂宗谱》（卷二），著存堂，清光绪元年（1875）。

户——绿营军军官罗尚德。他之所以将银子存入胡雪岩的阜康钱庄，一是相信钱庄的信誉，二是因为自己要上战场，生死未卜，收据带在身上很麻烦。得知这一情况，胡雪岩当即决定，仍然以三年定期存款的利息照算，三年之后来取，本息付给一万五千两银子；也仍然要立一个收据，交由钱庄掌柜代管。后来罗尚德阵亡，离世前他委托两位同乡将自己在阜康的存款提出，转给老家的亲戚。罗尚德的两位同乡没有任何凭据地来到钱庄，原以为会遇到一些刁难或麻烦，甚至担心根本取不出钱，没想到阜康钱庄除了让他们找人证明确是罗尚德的同乡外，没费一点周折就为他们办了手续，存款不仅全数照付，而且还照算了利息。

在杭州的胡庆余堂，如今依然可以看到两块牌匾，一块朝着顾客，上书"真不二价"；另一块是胡雪岩亲手所写的"戒欺"二字，面朝店内，藏而不露，专让自家店员看。"戒欺"匾云："凡百贸易均着不得欺字，药业关系性命尤为万不可欺。余存心济世，誓不以劣品弋取厚利，惟愿诸君心余之心。采办务真，修制务精，不至欺予以欺世人，是则造福冥冥……"诚信不欺，不制售假冒伪劣药品坑害百姓，是对生命的尊重和敬畏，也是对"礼义"之道的坚守。这是胡雪岩的立业之本，也是"江南药王"胡庆余堂百年屹立不倒的"秘诀"。

"修合虽无人见，诚心自有天知"，胡庆余堂内的这副对联恰好是对"戒欺"两字的诠释,更是反观今天社会上流传的"城里人给乡下人造假,乡下人给城里人下毒"这一诚信危机的镜子。

兼济天下

儒家讲"修身""齐家""治国""平天下",有人说"修身"是"内圣","齐家""治国""平天下"为"外王"。孟子曰:"穷则独善其身,达则兼济天下。"传统儒商心怀"兼济天下"的远大抱负,以济世利民为己任,在商业成功之后多有为家乡出资修路铺桥、修建义塾、出资赈灾等善举。

"具大神通皆济世,是真法力总回春",乔家大院的这副楹联是主人乔致庸亲笔书写的,从中可一窥其救众济世的博大胸怀。乔致庸的墓表记载,每次遇到天灾人祸,他都会挺身而出。清光绪三年,天遭大旱,有"光绪三年,人死一半"的民谣。乔致庸开仓赈济,救助灾民。对此,光绪八年所修《祁县志》有详细记述,并给予褒奖。为表彰乔家功德,李鸿章亲自书写"仁周义溥"匾赠予乔家。

"南有胡雪岩,北有孟洛川。"与胡雪岩齐名的瑞蚨祥创始人孟洛川虽家财万贯,然而他待人接物极为谦逊有礼,常说为人要做到"忠恕"。《论语·里仁》云:"夫子之道,忠恕而已矣。""忠"指尽心为人,即"己欲立而立人,己欲达而达人";"恕"指推己及人,即"己所不欲,勿施于人"。由此可见,"忠恕"就是将心比心,待人如己。当年,一跨进瑞蚨祥,便能见到墙上"修身"两个大字,孟洛川告诫店员:"欲修其身者先正其心",须诚诚恳恳待人,不可因贫富贵贱把人分成三六九等区别对待。孟洛川一生多次举办慈善和公益事业,诸如设立社仓、积谷备荒,修文庙、建尊经阁,设义学、经理书院,捐衣施粥及捐资协修《山东通志》等。作为孟子的第六十九代孙,孟洛川以自己的商业成就和家国情怀博得了慈善家的称号,被誉为"一孟皆善"。

传统儒商对今日新儒商的启示与警示

儒商不是"儒"与"商"的简单结合体,它的关键在于"儒",因此有学者提出"商儒"的概念[①]。儒商精神已经成为儒家思想重要的组成部分,如果仅仅从商业成功本身来讨论儒商的文化意义,便完全背离了儒商精神。儒商受到推崇,并不只是因为他们在商业上的成功,而更多取决于其"即贾也,亦常操儒行"[②]。但今天新儒商的标准已经不可能仍是传统的"儒行",而是符合现代文明的道德品行、文化素养和价值取向。当然,其中一部分是通过传统文化的现代转化而来的,如诚信

---

① 鲍健强、蒋晓东:《儒商之道》,浙江人民出版社,1997年,第6页。
② 〔明〕叶向高:《苍霞续草》,明万历,卷十。

不欺、先义后利、富而好礼、热心公益、服务社会等等。涩泽荣一提出："用算盘经商要依靠《论语》的指引；同时《论语》的思想也要依靠算盘才能创造出真正的财富。因此可以说，《论语》与算盘的关系似远实近。"[1]他认为儒家学说有助于培养一种良性的商业文化并成为经济发展源源不竭的内在驱动力，如今这已经成为全社会的共识。亚当·斯密在其著作《道德情操论》中表达了对人类社会将迷失在市场经济竞技场上的担心。詹姆斯·布坎南也认为，市场是道德秩序的体现，它要求人们互相尊重，个人的谋利行为必须限制在对利益各方相互有利的限度之内，以维护个人权利为基准的法律必须得到认真执行。日本著名管理学家伊藤肇曾总结："日本实业家能够各据一方，使战败后的日本经济迅速复兴，中国儒商文化的影响力，功应居首。"[2]可见，反对极端的利己主义、强调道德情操与市场经济相互契合的经济学家并不罕见。在当代国内商界，也不乏企业家将儒家思想引入企业管理中，并因此获得经营上的成功。

今天人们对于儒商精神的渴求使得讨论儒商精神的重点不在于是否要继承，而在于如何继承的问题。虽然

---

[1] ［日］涩泽荣一著，高望译：《论语与算盘》，上海社会科学院出版社，2016年，第1页。
[2] ［日］伊藤肇著，琪辉编译：《东方人的经营智慧》，光明日报出版社，1986年，第1页。

典籍文献中记录了许多儒商典范，民间也流传着不少关于他们的善行故事，但古代的特别是明清的儒商精神有着显著的时代局限性，绝不可以直接嫁接在当代企业管理中。"古代儒商在经商中所标榜的'诚''信''义'，不过是他们求得'快快发财''一本万利'的一种手段。这种以儒术建立起来的商业道德，有益于生意兴隆和发财致富。"[1]

其一，政商勾结滋生腐败。传统上的儒商与官府存在着天然联系，"宋以后的士多出于商人家庭，以致士与商的界限已不能清楚地划分。"[2]一些儒商由于半官半商的身份而被称为"红顶商人"，即使没有官职的儒商也谋求以官府作为靠山，通过编织在官场上的关系网获得商业经营的助推器与保护伞。例如学者们曾指出，扬州盐商多"援结诸豪贵，藉其庇荫"[3]，明清晋商与官府相互渗透、相互依托、官商一体[4]，等等。这也被认为是传统儒商衰落的重要原因之一。单以晋商来说，

---

[1] 张海鹏、王廷元主编：《徽商研究》，安徽人民出版社，1995年，第395页。

[2] 余英时著，沈志佳编：《儒家伦理与商人精神》，广西师范大学出版社，2014年，第356页。

[3] 余英时：《中国近世宗教伦理与商人精神》，安徽教育出版社，2001年，第262页。

[4] 孙丽萍：《明清山西官商一体家族浅议》，载《晋阳学刊》，1996年第6期，第81-107页。

"明清晋商始终靠结托封建政府并为之服务而兴盛，当封建政府走向衰亡时，晋商也必然祸及自身"①。借助于与政府的交情，晋商获得了多种特权。例如，京饷（地方上缴中央的财税）和协饷（各省之间的官银往来）的汇兑权。太平天国运动后各地商路断绝，清政府无法运输饷银，只好允许各省督抚选择票号汇兑，晋商趁机将业务从民间银两汇兑发展为大额公款汇兑，从而获得巨额利润。又如，行业准入资质。在晋商的游说下，清政府出台政策，要求新票号开业须当地道台衙门批准，而部贴（营业执照）要得到同业者的联保，晋商由此垄断了准入资质，剥夺了其他商帮开设票号的机会。对此，有学者深刻剖析："明清晋商巨贾并不是独立发展起来的社会存在实体，而是依附明清帝国国家机器生存的商政或政商勾连一体的政治性经济怪物"，"'儒商'实为愿与官场勾连之明清商人的总概括"②。历史证明，依靠与政府的"交情"只能一时获利，却不能永续发展。

其二，过于依靠血缘和地缘关系发展。明清儒商的商号在组织结构上宗族性特征十分明显。徽商、晋商、赣商、粤商、闽商等商帮本身就带有显著的地域色彩，

---

① 刘宝宏、卢昌崇：《晋商为什么衰落？——产权保护视角的探析》，载《财经问题研究》，2008年第6期，第28-35页。

② 韩彩英、韩斌全：《明清晋商商政勾连腐败的文化基因》，载《廉政文化研究》，2018年第1期，第76-84页。

而在商帮内部则以亲戚、同乡为主体，因此传统儒商的诚信经营带有浓厚的宗族色彩。在宗族礼法约束下从事商业活动，诚信经营背后并非单纯的道德驱动，同时也存在利益考量，而这种诚信经常根据不同对象而有所差异。为了获得和维护在宗族中、地方上的美名，避免留下恶名、骂名，儒商有时甚至以吃亏上当为荣，更甚至把仁义诚信作为追求利益的伦理工具。

其三，缺乏制度、法律的约束与保障。明清儒商特别是徽商对于契约合同的重要性有一定的认识，为避免债务债权等经济纠纷，有时会在商业合作中签订合约，但社会大环境则缺少制度和法律保障。费维恺曾直言："中华帝国的官僚机构尽管精致繁复，但她从未确立过几项有助于经济发展的基础性政策。……她从未制定过全面的商业法规，也未确立过旨在保护私人财产的司法制度；她从未发展过一种用以减轻商业风险的保险体系。"[①] 在这种状况下，商业合同本身的效力就会大打折扣，其执行往往仍需依托宗族礼法的约束或官商关系的作用。

今天，传统儒商留下的这些"负资产"是否已经不存在了？冯筱才教授指出，"在政商结构支配下，无论

---

① ［美］费维恺（Albert Feuerwerker）：《从比较看中国经济史》，罗溥洛主编，包伟民、陈晓燕译《美国学者论中国文化》，中国广播电视出版社，1994年，第236页。

是商人，还是政客，他们追求的就不是常利，而是通过政策操纵或权力寻租、虚置法律等程序追求暴利"，"历史人物都会随着其生命的逝去而烟消云散，但结构却常常会保存下来，甚至不断发展"[1]。今天提倡儒商精神，首先需要做的不应是对传统儒商歌功颂德，而应分清楚其精华与糟粕，剔除"负资产"，将市场经济与符合现代文明的价值体系和道德观念结合起来。这才是当代倡导儒商精神、重构儒商文化更为深层次的意义所在。

---

[1] 冯骥才：《发现民国历史的一条潜在线索——从"政商"的角度来讲虞洽卿的故事》，载《北京日报》，2014年6月23日，第20版。

传统礼仪与家庭教育

在古人看来，礼仪是家庭教育的重要组成部分，大量的礼仪规范借助家风、门风世代相传。但是由于在特定历史时期千年的传统被破除，致使家风、门风尽失，传统的家庭教育断裂。在教育理念、教育知识匮乏的情况下，几代家长把子女教育的大事完全托付给学校和教师，而学校教育长期以来重应试、轻素质，礼仪教育未得到普遍重视，极少有中小学校开设礼仪课程。礼仪课程的地位不但无法与考试科目相提并论，而且也比不上艺术、体育等有助于升学、被视为一技之长的科目。

在这种情况下家庭教育中存在的问题日益凸显，恰逢"国学热"兴起，一时间传统文化似乎被当成了"包治百病"的药方。一些家长们不加思考、不加辨别地将孩子送到形形色色的机构去读经，幻想以这种方式彻底解决困扰，甚至希望用传统文化将孩子改造得听话、顺从。但广场洗脚、操场磕头等所谓的"传统礼仪"，其实不过是打着弘扬传统文化旗号的集体作秀，根本不可能解决今天家庭教育面临的问题，反而对孩子的成长有害而无益。

如何重塑家风、门风？如何以传统礼仪促进家庭教育？大概需要在遵循教育规律、回归教育本质的前提下，发掘传承传统礼仪中符合现代文明的要素，将传统礼仪与现代文明接轨，以助于培养具有独立高尚人格、全面发展的人。

家庭教育存在的问题

当今家庭教育的困境是有目共睹的，除媒体经常报道的极端案例之外，日常生活中面临家庭教育困扰的家长也不在少数。走出这些困境是家长与孩子双方共同面对的课题，其中作为施教者的家长更需要审视自己的教育理念和教育方法，正视家庭教育中存在的问题。

其一，心态问题。家长渴望孩子成才是人之常情，但是由于太过渴求而造成形形色色的心态问题反而会对孩子产生不良影响。首先，功利心态。家长施教往往以有用为准则，自认为有用的知识就灌输给孩子，看似无用的则弃之不理，导致片面培养。其次，虚荣攀比。家长无休止地将自己的孩子与其他孩子进行比较，无视孩子的实际情况和兴趣特长，给孩子带来巨大压力。再次，简单盲从。为了将孩子培养成"全才"，家长有时会失去判断力，对学校老师的意见、培训机构的宣传很容易全盘接受，面对形形色色的课外班、补习班、特长班总要为孩子选上若干才稍感安心。

其二，情感教育缺失。在相当长的时期内，学校的课程特别是考试分数被视为孩子的首要任务，其他一切事情都要为此让路。近年来，当孩子与家长的情感疏离成为社会问题、情感教育逐渐得到关注的时候，人们又不知道该从何入手去解决。所谓的"感恩教育"趁此机会大行其道，以至于广场洗脚、操场磕头之类的怪现象轮番上演。情感教育无法通过强制要求实现，也不应该成为一种表演，如果情感不是发自内心，情感教育又有何意义呢？

其三，分享意识淡薄。增强孩子的个体意识本是好事，有利于培养孩子的尊严、自信与独立人格，但与人分享、互通有无的精神并没有消亡，相反，在当今社会爱心与合作意识显得格外重要。但由于家庭教育不得当，一些孩子走向予取予求、自私自利的一面。虽然有些家长鼓励孩子与其他孩子分享零食、玩具等物品，可一旦涉及稀缺资源或实际利益则坚决丝毫不让，这不可能真正培养孩子的分享精神。

其四，家长的错误示范。家庭教育效果如何，关键在于家长的示范作用。家长是孩子的第一任老师，其一言一行都对孩子产生"榜样"效应，家长自身素质的高低直接影响到孩子的成长。因此，提高家长自身素质是家庭教育的首要问题。一些家长不但没有给孩子做出良好的示范，反而在各种生活细节中教唆孩子去做闯红灯、插队、说谎、占小便宜等行为，看似教会孩子"不吃亏"，实际上却害了孩子，可能导致孩子吃大亏。

总体而言，当前教育仍然存在诸多问题，重视学校教育、忽视家庭教育，重视知识教育、忽视道德教育，重视应试教育、忽视素质教育，重视智力发展、忽视全面发展的状况依然较为普遍地存在。在此情况下，传统礼仪能够通过家庭教育对孩子的成长起到怎样的作用，传统礼仪中的哪些内容是当今家庭教育中可以借鉴、传承的，这是礼仪传播和推广中值得思考的问题。

当代家庭教育中的传统礼仪因素

从传统礼仪中寻求适合当代家庭教育的理念与方法，是一项有益的探索。但传统礼仪中哪些对当代家庭教育有益，哪些值得继承、哪些需要扬弃，是家长应当首先厘清的。从传统礼仪的精神和原则层面看，以下方面无疑为当代家庭教育所需要。

其一，处世以敬。敬，既是古人留给今人的智慧，也是全人类共通的价值观。"敬，德之聚也。能敬必有德。"人类存活于世，敬畏之心不可缺少，它是根植于人内心深处的道德情感，对于个人的成长和社会道德价值的维系都具有十分重要的意义。对于孩子来说，尊敬师长、追求真理是人生的必修课之一。《礼记·曲礼上》云："谋于长者，必操几杖以从之。长者问，不辞让而对，非礼也。"即在同长者商议事情时，要先请长者落座，向长者递上手杖，安顿好之后再请教；长者问话，要谦逊地回答。

关于日常行为规范，《曲礼上》还要求儿童或晚辈"居不主奥，坐不中席，行不中道，立不中门"，也就是在居、坐、行、立的时候皆不可占据尊位，以体现对长辈或尊者的敬意。

游、杨初见伊川，伊川瞑目而坐，二人侍立。既觉，顾谓曰："贤辈尚在此乎？日既晚，且休矣。"及出门，门外之雪深一尺。（《二程外书·传闻杂记》）

（杨时和游酢）一日见颐，颐偶瞑坐，时与游酢侍立不去，颐既觉，则门外雪深一尺矣。（《宋史·杨时传》）

"程门立雪"的典故在《二程语录》和《宋史·杨时传》中皆有记录。虽然杨时拜程颐为师时自己已经四十多岁了，但他仍然表现出求学的虔诚和对师道的尊敬。反观当代，一方面有些教师师德不彰、学问不精，对待教书育人的事业缺乏敬畏心；另一方面学生对教师的敬意也大打折扣，有时学生和家长对教师表现出的尊敬并非发自真心，而只是出于得到关照的目的而做出的一番敷衍。情感是双向的，尊敬可以形成一种良性互动，不敬也可能造成恶性循环，多少师生关系破裂甚至反目成仇的案例皆与此有关。无论学生、家长还是教师都应认识到，师生之间早已不是过去的人身依附关系，当今的师生关系是平等的，教学与学习本身都是出于对知识的敬畏，正如韩愈所言："吾师道也，夫庸知其年之先后生于吾乎？是故无贵无贱，无长无少，道之所存，师之所存也。"[①]"弟子不必不如师，师不必贤于弟子"，教师与学生应当在平等的基础上建立彼此尊敬的关系。从家庭教育的角度讲，需要引导孩子把对师长的尊敬与对知识、对真理的追求结合起来，方能真正发自内心尊师重道。

尊敬还存在于孩子与家长、亲属、同学、朋友等人的关系中，以礼敬人才会得到他人的尊敬，才会营造一个良好的成长环境。同时，不仅要敬人，还要善于帮助孩子树立对自然、对文明的敬畏之心，养成健全的世界观，成为高觉悟的生命个体。

《乐府解题》曰：水仙操，伯牙学琴于成连先生，三年不成。至于精神寂寞，情之专一，尚未能也。成连云："吾师方子春，今在东海中，能移人情。"乃与伯牙俱往，至蓬莱山，留宿伯牙曰："子居习之，吾将迎师。"刺船而去，旬时不返。伯牙近望无人，但闻海水汩滑崩折之声；山林窅冥，群鸟悲号。怆然而叹曰："先生将移我情！"乃援琴而歌，曲终，成连回，刺船迎之而还，

---

① 〔唐〕韩愈撰：《昌黎先生文集》（二），上海古籍出版社，2013年，第306页。

伯牙遂为天下妙矣。(《太平御览》卷五百七十八"乐部")

伯牙拜成连为师学习琴艺，当精进到一定程度时伯牙为不能再上层楼而苦恼。成连知道无法继续以常规教学帮助伯牙，就说："我的老师方子春，在东海之中，能移人之情，我们一同去拜访吧。"于是二人一同去到蓬莱仙山，成连留下伯牙说："你在这里练习，我去迎接我的老师。"说完便乘船而去。成连久而不归，伯牙心急，四处张望，却看不到老师的影子，只听到海水汹涌，山林寂静，群鸟悲鸣。伯牙仰天长叹，将自然的景色与自己的领悟通过琴曲表达出来，琴艺突破了瓶颈，实现了飞跃。正是由于成连先生借助自然的力量使伯牙产生对天地万物的敬畏之心，才成就了伯牙的琴艺。

凡贤人之德，有以知之也。伯牙鼓琴，锺子期听之。方鼓琴而志在太山，锺子期曰："善哉乎鼓琴，巍巍乎若太山。"少选之间，而志在流水，锺子期又曰："善哉乎鼓琴，汤汤乎若流水。"锺子期死，伯牙破琴绝弦，终身不复鼓琴，以为世无足复为鼓琴者。非独琴若此也，贤者亦然。虽有贤者，而无礼以接之，贤奚由尽忠？犹御之不善，骥不自千里也。(《吕氏春秋·孝行览》)

《高山流水》是尽人皆知的名曲。伯牙弹奏,子期听琴。当琴声赞美大山时,子期说:"弹得真好啊!仿佛见到巍巍泰山。"当琴声表现流水时,子期说:"弹得真好啊!仿佛见到浩荡奔腾的江河。"子期死后,伯牙摔破琴,从此不再弹奏,他认为世上没有值得为之弹琴的人了。古人留下这个典故,不仅是描写两个人的深厚友情,更是借此表达礼待贤德之意。

其二,包容谦让。"夫礼者,自卑而尊人。"尊敬若不以自谦来表达,就无法使人感受到尊敬。自谦,如果用更易接受的词来替代,可以说是自制或自我约束。全面而适度地控制自己的感情和行为,正是人类文明的应有之义。《汉书·礼乐志》云:"人函天地阴阳之气,有喜怒哀乐之情。天禀其性而不能节也,圣人能为之节而不能绝也。"人性、人情、人欲来自天然,但也需因势利导,加以节制和控制。正如《礼记·曲礼上》开篇所言"敖不可长,欲不可从,志不可满,乐不可极",自制可谓人生必修课之一。古人将"礼"视为自制的方法和工具,并说"人情者,圣王之田也,修礼以耕之,陈义以种之,讲学以耨之,本仁以聚之,播乐以安之"(《礼记·礼运》)。今天谈家庭教育,仍应思考礼仪与情感、行为之间的关系。礼仪不只是行为规范,也是人们反思、控制自己情感与行为的途径。

自谦、自制的另一面正是宽容、包容,是体谅、理解。

雨果曾有名言："世界上最宽阔的是海洋，比海洋更宽阔的是天空，比天空更宽阔的是人的胸怀。"高尚的品质总是具有广泛的生命力，中国古人也说："胸中天地宽，常有渡人船。"清康熙年间，张英担任文华殿大学士兼礼部尚书。他老家桐城的宅邸与吴家为邻。吴家建新房欲占张家隙地，双方争执不下之时，张家人写信加急送给张英，请他出面解决。张英看了信后，认为应该谦让邻里，并在回信中写了一首诗：

一纸书来只为墙，让他三尺又何妨。
长城万里今犹在，不见当年秦始皇。

家人阅罢，明白其中深意，主动让出三尺空地。吴家受到触动，也主动让出三尺地面，形成了六尺宽的巷子。"六尺巷"由此得名。"六尺巷"所蕴含的宽容礼让精神至今仍被人们称道。如今在"六尺巷"东边有"礼让"石牌坊，西边则有"懿德流芳"石牌坊，近旁的太湖石上便刻着张英的这首诗。

"处世让一步为高，退步即进步的张本。"[1] 但教育孩子礼让并非要求孩子无原则的一味退让，对于现代人来说，自尊自爱、独立人格同样重要。《朱子家训》云：

---

[1] 〔明〕洪应明：《菜根谭大全》，中国华侨出版社，2011年，第230页。

"有德者，年虽下于我，我必尊之；不肖者，年虽高于我，我必远之。"如同真正的尊敬是互敬一样，真正的礼让也是互让。新闻报道中老人在斑马线上向让路的汽车司机脱帽鞠躬的一幕触动了许多人，只有国民素养普遍提高、互敬互让成为全社会的风尚，才能推动文明的进步。

其三，待人以诚。诚信，是古代先哲极为重视、反复强调的品性之一。人们常说的"踏踏实实做人，勤勤恳恳做事"就是指对人、对己、对事都要做到诚实、诚信、真诚。正如《道德经》所说："人法地，地法天，天法道，道法自然。"说到底，诚信是对自然规律的尊重，违背自然规律则会酿成苦果，人类社会的发展已经证明了这一点。

诚信被古人视为立足于世的先决条件，成为许多家风、门风的重要内容。但倘若家长只是告诫、训导孩子，却不能以身作则，就不可能产生说服力。

曾子之妻之市，其子随之而泣。其母曰："女还，顾反为女杀彘。"妻适市来，曾子欲捕彘杀之，妻止之曰："特与婴儿戏耳。"曾子曰："婴儿非与戏耳。婴儿非有知也，待父母而学者也，听父母之教。今子欺之，是教子欺也。母欺子，子而不信其母，非所以成教也。"遂烹彘也。(《韩非子·外储说左上》)

曾子的妻子承诺杀猪给孩子吃，本是糊弄孩子的手段，但曾子却一定要兑现承诺。一是家长以身作则是最好的家庭教育方法，如果家长满口谎言，孩子怎么可能不说谎呢？二是如果家长欺骗孩子，孩子就会信不过家长，家长的教育又怎么可能有效呢？

媒体调查显示，82.1%的受访者认为当前社会说谎之风日渐泛滥，仅5.4%的受访者说自己从来不说谎，84.7%的受访者认为当下社会说谎成本低、拒绝说谎的成本高。关于说谎成风的原因，受访者给出的首要原因是"社会没有原则、底线失守，大家过分追求利益"（72.8%），其次是"说谎者不用付出任何代价，特别爱占便宜"（68.4%），排在第三位的原因是"说真话的人经常不招人待见，好心没好报"（61.0%）[1]。社会诚信危机对于孩子成长的不良影响可以想见，改变这一状况既需要依靠法治，也需要改善社会风气，鼓励人们坚持原则、敢说真话。

有人认为传统礼仪落实到人际关系上就是追求一团和气，甚至将传统礼仪误解为教人做不讲原则的"老好人"。这完全是对传统礼仪的歪曲，这种是非不分、言行不一、伪善欺世、处处讨好的"好好先生"就是孔子所斥责的"乡愿，德之贼也"，最终目的无非是获取、

---

[1] 向楠：《84.7%的人感叹说谎成本低》，载《中国青年报》，2011年8月11日，第7版。

维护自身的利益。倘若基于这种认识和目的来学习、继承传统文化，只会造成价值观的扭曲，对于社会的发展有百害而无一利。《中庸》曰："诚者，天之道也。诚之者，人之道也。"诚信是天地人间的大道，是永恒的规律。诚信是内心的纯净无染，是外在的真实不虚。"君子敬以直内，义以方外，敬义立而德不孤。"心怀坦荡，正直无私，是人之为人的尊严，符合礼仪的真谛；而试图以礼仪作为掩饰谎言和丑恶的工具，自欺欺人，则与礼仪的精神背道而驰。

其四，勤俭节约。在物质生活日益丰富的今天，勤俭节约往往被家庭教育所忽视。相反，有些家长铆足了劲儿要把孩子培养成所谓的"贵族"，为孩子创造的生活条件可称得上奢靡。一时琴棋书画加读经，一时西餐、马术、高尔夫、钢琴、小提琴、拉丁舞，凡是沾上"贵族"边儿的技能都不能少，填满了孩子们的课余时间。新媒体上有关"最后的贵族"的推送备受家长关注，点击量颇高，但很多人只关注到贵族位高权重、光鲜亮丽、气质高雅的一面，却误解了贵族精神的真正含义。

贵族由于领土、地位、权力可以世袭而产生和存在，如果领土、地位、权力不能世袭，那么就只属于个人，而不是家族，拥有者只能成为权贵。西周分封制形成的诸侯，以及卿大夫、士等阶层即为贵族。周以后，中国不再有大规模的分封制，除皇室之外都不能世袭，因此不再有皇室之外的贵族。汉至唐初还存在另一种形式的贵族，即门阀贵族。曹丕所云"一世长者知居处，三世长者知服食"，可视为对门阀贵族的描述。中国社会没有贵族已千年之久，今天的家庭教育若要培养中国传统上的贵族似乎太过遥远，目的也令人费解。相比之下，欧洲分封制才结束三百余年，倒是还能看到贵族的影子，当年贵族的城堡还在，某些国家还存在国王和爵士。虽然欧洲贵族曾拥有巨大财富且生活优渥，但欧洲贵族精神并非与金钱相关，而是以荣誉、责任、勇气、自制等价值为核心的精神，其中自制自然也包括抵御物欲的诱惑，不以享乐为人生目的，培养高尚的道德情操与文化精神。英国女王伊丽莎白二世虽然富有，但她仍然厉行节约，嘴边常挂着英国谚语"节约便士，英镑自来"。白金汉宫的照明和供暖都保持在最低限度，家具自维多利亚女王时代就未再更新过，女王还要求皇室只用上面印有盖尔斯王子纹章的特制牙膏，因为这种牙膏可以挤到一点儿也不剩下。

储安平先生在其《英国采风录》中记述了他对英国贵族和贵族社会的观察："他们（英国人）以为'贵族'代表一种尊严，代表一种高超的品性。在英国，每个人和他人在一起时，都自以为是一个'贵族'。……英国人以为一个真正的君子是一个真正高贵的人。正直，不偏私（disinterested），不畏难（capable of exposing himself），甚至能为了他人而牺牲自己。他不仅是一个有荣誉的人，而且是一个有良知的人。……凡是一个真正的贵族及绅士，他们都看不起金钱。……一天到晚想钱的人不是一个 gentleman。"①

在我国历史上也有许多倡导勤俭节约、反对奢靡浪费的告诫和典故。《左传·庄公二十四年》云："俭，德之共也；侈，恶之大也。"诸葛亮将"静以修身，俭以养德"作为"修身"之道。李商隐《咏史》云："历览前贤国与家，成由勤俭破由奢。"朱柏庐将"一粥一饭，当思来之不易；半丝半缕，恒念物力维艰"作为"治家"的训言。

季文子相宣、成，无衣帛之妾，无食粟之马。仲孙它谏曰："子为鲁上卿，相二君矣，妾不衣帛，马不食粟，人其以子为爱，且不华国乎！"文子曰："吾亦愿之。然吾观国人，其父兄之食粗而衣恶者犹多矣，吾是以不敢。人之父兄食粗衣恶，而我美妾与马，无乃非相人者乎！且吾闻以德荣为国华，不闻以妾与马。（《国语·鲁语上》）

季文子出身于三世为相的家庭，是春秋时代鲁国的

---

① 储安平：《英国采风录（外一种）》，岳麓书社，1986年，第73-74页。

贵族、著名的外交家。他一生俭朴,以节俭为立身的根本,并且要求家人也过俭朴的生活。富与贵并无绝对的关联,有富而不贵者,即所谓"为富不仁"。

其五,诗礼传家。家长为孩子创造条件练就"十八般武艺",如果没有给孩子造成过度压力、孩子自身也不排斥,那么客观上可以在一定程度上开阔孩子的眼界,培养孩子的兴趣爱好。只是这些技能并不等于贵族精神,家长不应当也不可能将今天的孩子"复原"成过去的贵族。何为贵族精神?陈独秀在《敬告青年》中引用尼采的观点:"有独立心而勇敢者曰贵族道德。"[1] 贵族精神当然有值得学习之处,但学习贵族精神是为了培养独立健全的人格、提升能力和素养、充盈内心世界,成为具有高贵人性的"精神贵族"。为了实现这一追求,最重要的还是传承读书的传统。"腹有诗书气自华",今人之所以盲目追捧物质上的"贵族",或许正是在学识学养方面不自信的表现。

《颜氏家训·勉学》云:"积财千万,……无过读书也。"东汉的饱学之士杨震"明经博览,无不穷究",人称"关西孔子"。但他不求功名,一生安于读书,热心教育,培养了许多人才。朝廷请他做官,他多次拒绝,直到五十岁时才接受了大将军邓骘的劝说。杨震历任荆

---

[1] 陈独秀:《独秀文存》(卷一),外文出版社,2013年,第4页。

州刺史、东莱太守，后入朝为太仆，迁太常。他为官正直，不屈权贵，曾多次上疏直言时政之弊。

（杨震）四迁荆州刺史、东莱太守。当之郡，道经昌邑，故所举荆州茂才王密为昌邑令，谒见，至夜怀金十斤以遗震。震曰："故人知君，君不知故人，何也？"密曰："暮夜无知者。"震曰："天知，神知，我知，子知。何谓无知者！"密愧而出。后转涿郡太守。性公廉，不受私谒。子孙常蔬食步行，故旧长者或欲令为开产业，震不肯，曰："使后世称为清白吏子孙，以此遗之，不亦厚乎！"（《后汉书·杨震传》）

人们常说的"四知"就源于此，杨震也因此被称为"四知先生"。可见，读书万卷，最终目的并非读书本身，也不是追逐名利，而是提升品格和境界。正如邹鲁有谚曰："遗子黄金满籝，不如一经。"诗礼传家，原指儒家经典及其道德规范世代相传，而在今天则指以知识和道德教育后代。

当然，在家庭教育中读书的范围绝非仅限于教科书和教辅资料，孩子和家长应注重课外书籍的选择，更应在读书之外培养独立思考的能力和习惯。读书可以开阔孩子的眼界，丰富孩子的阅历，使其懂得情感、树立信仰、勇于追求，理性地面对生命中的各种问题。

礼仪的生命意义

许多学者认可礼仪源于祭祀的说法,无论祭拜天地、山川、鬼神还是祭拜先人,无论祭祀是出于自然崇拜、生殖崇拜还是图腾崇拜,礼仪所表达的尊敬之意事实上都是对于生命的礼赞。今天的礼仪仍是如此,表面上看是行为规范,实则为敬意之表达。

生命的意义是宗教、哲学探寻的终极问题,礼仪作为人类文明发展的产物,其中蕴含着对人之生死的思考,而人类又将这种思考投射到万物的生发与凋敝的过程中,因此礼仪不仅调和人与人之间的关系,也在人与万物的关系中发挥着协调作用。倘若礼仪不是出于对生命的敬畏,那么礼仪本身也就失去了存在的意义。可以说,礼仪的真谛是理解生命的本质。

时空中的生命之"礼"

古人在观察自然的过程中体悟生命的意义,日升月落、斗转星移、四季交替等自然规律,使先人认为"万物皆有灵",并对之敬拜求告,祈愿消灾降福佑护,同时令人思考自身生死的问题。例如,太阳东升西落、循环往复,古人由此得出以东为尊的观点。故此"紫气东来"一词表示祥瑞,清代洪昇在《长生殿·舞盘》中云:"紫气东来，瑶池西望，翩翩青鸟庭前降。"

古埃及人也对自然有类似的观察，他们将尼罗河作为生死的分界，东岸是生者之地，西岸是死者之地，因此埋葬法老王的金字塔和"国王谷"位于尼罗河西岸。埃及的文化瑰宝莎草纸画有一个著名的题材《生命之树》：在一棵大树上停着五只鸟，四只头朝东，从怯生生的幼鸟到意气风发的成鸟，处于不同的成长阶段；另一只则头朝向西，淡定自若，坦然地面对着死亡。生命之树上的五只鸟神态各异，象征着人的一生。

著名人类学家利普斯曾在《事物的起源》中讲到太平洋岛国居民的自然观："在所罗门群岛上，灵魂是和落日一起进入海洋；这一观念和太阳早晨升起就是出生、黄昏落下就是死亡的信仰是有密切关系的。因为地球上没有任何活的东西比太阳更早，太阳第一个'出生'，也第一个'死亡'。玻利尼西亚人有一个神话和这种思想相联系，即认为太阳神'毛以'不死，在它之后的人类也不会死亡。"[①] 将人的永生寄托于太阳，这正是人类对于生命的崇敬之情。

在自然面前，人类感受到自身的渺小，汉"郊庙歌辞"中《日出入》一首写道：

---

① ［德］利普斯著、汪宁生译：《事物的起源》，四川民族出版社，1982年，第341页。

日出入安穷？时世不与人同。

故春非我春，夏非我夏，

秋非我秋，冬非我冬。

泊如四海之池，遍观是耶谓何？

吾知所乐，独乐大龙。

六龙之调，使我心若。

訾黄其何不徕下。

日升日落无穷无尽，春夏秋冬往复无极，人的生命却如白驹过隙。对照之下，已是晚年的汉武帝不得不感慨生命的流逝，表达对日神的崇敬，自然会有感时伤身和恋生拒死的情感反应。"天子祭天地，诸侯祭社稷，大夫祭五祀。"古时只有天子可以祭天，祭天是国家最重大的典礼。日月星辰附在于天，日月之明即为天之明，古人的时空观由此塑造。

时空即宇宙，先秦典籍中就有宇宙的概念，"上下四方曰宇，往古来今曰宙"（《尸子》），"有实而无乎处者，宇也。有长而无本剽者，宙也"（《庄子·庚桑楚》）。宇指空间，宙指时间，宇宙、世界实质上都是时空问题。

江畔何人初见月？江月何年初照人？

人生代代无穷已，江月年年望相似。

不知江月待何人，但见长江送流水。

——唐张若虚《春江花月夜》

水光月色当中，天地一体无边无际，一轮明月冉冉升起，整个世界纯净无瑕。人类生命不过是个虚幻的瞬间显现，永恒的只有月亮。古代文人常常感叹，人生短暂，自然永恒，无非是人对自身之渺小的认识和对宇宙之伟大的致敬。归根结底，这些感叹是在追问人类的生命有没有意义，有没有价值。

古人的时空观不仅来自天地日月，还来自山川草木等自然界的各个方面。王维《辛夷坞》云："木末芙蓉花，山中发红萼。涧户寂无人，纷纷开且落。"其中"纷纷开且落"五个字表达出花朵在生命无穷循环中的自在和陶醉，同时也令人联想到自己有限的生命长度。

《红楼梦》第四十回描写深秋季节众人游大观园，看见小河里边的荷叶都枯了，"宝玉道：'这些破荷叶可恨，怎么还不叫人来拔去。'……林黛玉道：我最不喜欢李义山的诗，只喜他这一句：'留得残荷听雨声。'偏你们又不留着残荷了。宝玉道：'果然好句，以后咱们就别叫人去拔了。'"黛玉为何欣赏残荷？"留得残荷听雨声"的意蕴在哪里？或许，在秋雨中摇曳的枯枝败叶，使人追忆起夏日娇艳的绿叶红花，并形成强烈的生命状态的对比。即便当下娇艳若荷，也难敌时光流逝，生命终将枯萎、消散。"侬今葬花人笑痴，他年葬侬知是谁"，正是对于生命的执着和恐惧，令黛玉提前窥测到了生命的无常，这也正是她迷恋秋雨中的残荷的原因。

李商隐的诗中多有追忆，以时空的变换表达对生命最真切的感受。"君问归期未有期，巴山夜雨涨秋池。何当共剪西窗烛，却话巴山夜雨时。"今宵、他日、今宵，他乡、家乡、他乡，时空的往复穿梭、回环对比，与人的命运、人的价值联系到一起。

面对"逝者如斯夫，不舍昼夜"的自然规律，陶渊明表达出"日月掷人去，有志不获骋"的无力感。陈子昂诗云："迟迟白日晚，袅袅秋风生。岁华尽摇落，芳意竟何成。"光阴并不为人停息片刻，特别是在理想抱负得不到施展的时候，这种情绪会加倍放大。

蜉蝣之羽，衣裳楚楚。心之忧矣，于我归处！
蜉蝣之翼，采采衣服。心之忧矣，于我归息！
蜉蝣掘阅，麻衣如雪。心之忧矣，于我归说！

——《诗经·曹风·蜉蝣》

三千年前的《诗经》中已经记录了人对于时间、生命的深刻认识。蜉蝣有漂亮的翅膀，但朝生暮死，生命短促。人生也是这样美妙而短暂，应该如何安顿呢？"人生寄一世，奄忽若飙尘"，"飙"是指时间之短，好像一阵风吹过，"尘"是指空间之小，如同一颗微尘，"奄忽"指速度之快，张铣曰："奄忽，疾也。风尘之起，终归于灭"（《六臣注文选》卷第二十九），不禁令人发出"于我归处""于我归息""于我归说"的感慨。资中筠先生在《九十自述：蜉蝣天地话沧桑》自序中说："我本一介书生，寄蜉蝣于天地，渺沧海之一粟……"

一向年光有限身，等闲离别易销魂。酒筵歌席莫辞频。
满目山河空念远，落花风雨更伤春。不如怜取眼前人。
——宋晏殊《浣溪沙》

生命短暂无常，宇宙广袤绵邈。今人与古人在此方面的体验是共通的，因此今天人们常常说要"珍惜当下"，珍惜当下的事、当下的物、当下的人、当下的自己、当下值得珍惜的一切。"珍惜当下"正是对生命最好的尊重。

彻悟中的生命之"礼"

大彻大悟经常被视为对一个人精神境界的最高评价。所谓彻悟，就是要把生死的道理想明白。而大多数人想不明白，或者根本不愿去想，这或许是因为名利对于人的吸引力远远超过彻悟。故此，人世间称得上彻悟者总是极少数。彻悟者洞悉生命的意义，也因此更加热爱生命、尊重生命。明代袁宏道曾谈到"人生真乐有五"：

目极世间之色，耳极世间之声，身极世间之安，口极世间之谭，一快活也。堂前列鼎，堂后度曲，宾客满席，男女交舄，烛气熏天，珠翠委地，皓魄入帷，花影流衣，二快活也。箧中藏万卷书，书皆珍异。宅畔置一馆，馆中约真正同心友十余人，人中立一识见极高，如司马迁、罗贯中、关汉卿者为主，分曹部署，各成一书，远文唐宋酸儒之陋，近完一代未竟之篇，三快活也。千金买一舟，舟中置鼓吹一部，妓妾数人，游闲数人，泛家浮宅，不知老之将至，四快活也。然人生受用至此，不及十年，家资田产荡尽矣。然后一身狼狈，朝不谋夕，托钵歌妓之院，分餐孤老之盘，往来乡亲，恬不知耻，五快活也。

——明袁宏道《龚惟长先生》

袁宏道眼中的快活前四种来自享乐，即便未必为所有人认同，也较为容易理解，而第五种快活却令人费解，为何落魄至此也是一种快活？换个角度看，这段话所说的正是人生无论处于顺境还是逆境都应快活。这便是彻悟者的观点，因此袁宏道自言想做"凡间仙，世中佛，无律度的孔子"。关于生死，他有一句名言："茫茫众生，谁不有死，堕地之时，死案已立。"

彻悟是对生死的参透，但并没有统一的答案。李叔同出身富贵人家，青年时代的他风流倜傥、才华横溢，是将西洋绘画、音乐、戏剧传播到国内来的先驱者之一。

作为中国话剧的开拓者和奠基人，李叔同于1907年春节在日本与东京美术学校同学曾延年共同创办了中国第一个话剧团体"春柳社"，并在国人排演的第一部话剧《茶花女》中饰演女主角玛格丽特。李叔同是中国油画的鼻祖，是最早在中国介绍西洋画知识的人，也是国内第一个聘用裸体模特教学的人。李叔同还是成果丰硕的音乐家，他创作的《送别》等作品，歌词清丽雅致，朗朗上口。他在浙江一师授课采用现代教育法，培养出丰子恺、潘天寿、刘质平、吴梦非等一批负有盛名的艺术家。

但正是这样一位出身富贵、历尽繁华的才子，突然在三十八岁时出家，成为弘一法师。他对寂山长老说："弟子出家，非谋衣食，纯为了生死大事。"[1] 弘一法师投身律宗的研究与弘扬，著成《四分律比丘戒相表记》《南山律在家备览略篇》等，创办"南山律学院"，成为近世佛教界倍受尊敬的律宗大师。他严守律宗戒律，悲天悯人，每次在坐藤椅之前总是先摇一摇，以免藏身其中的小虫被压死。在圆寂前，弘一法师再三叮嘱弟子把他的遗体装龛时，在龛的四个脚下各垫上一碗水，以免虫蚁爬上遗体后在火化时被无辜烧死。怜惜蝼蚁性命是僧人修行基本的要求，但能够考虑身后也勿伤世上生灵，非真正的大慈大悲者不能有，令世人闻之生敬。

---

[1] 苏泓月：《李叔同》，北京联合出版公司，2017年，第142页。

出家后，弘一法师放弃了话剧、音乐、绘画等艺术创作，唯独没有放弃书法，但书法的形态发生了变化，原本强势刚劲的魏碑字体逐渐褪去烟火气，最终演化成自成一体的疏瘦恬淡的书体。1942年弘一法师圆寂前几日留下绝笔"悲欣交集"，墨色由浓到枯，注"见观经"三字的时候已是枯笔皴擦，但最后的句号显然是重新蘸墨郑重点下。对于观者而言，亦可透过这幅字体味到书写者对生命的礼敬。弘一法师嘱托妙莲法师在其身后将事先写好的信转交好友和弟子，其中还附上两首偈子："君子之交，其淡如水。执象而求，咫尺千里。问余何适，廓尔亡言。华枝春满，天心月圆。"① 丰子恺曾将人生比作三层楼，第一层是物质生活，第二层是精神生活，第三层是灵魂生活。在他眼中，弘一法师身在第三层，而自己只是"勉力爬上扶梯，向三层楼上望望"。

情感中的生命之"礼"

"发乎情，止乎礼义"是我国数千年来指导人们行为的准则，宋代"性命义理之学"兴起，这一礼数的繁荣期也是人的自由的禁锢期，当程朱理学走向极端，封建礼教对人性的束缚也达到了无以复加的程度。明清时期，李贽、黄宗羲、顾炎武、王夫之等思想家反思传统

---

① 苏泓月：《李叔同》，北京联合出版公司，2017年，第247页。

儒家思想，激发了先秦儒学的积极因素，动摇了封建礼教在社会政治领域的统治地位，但程朱学理学仍通过科举考试、家庭教育等途径禁锢着人们的思想，降及"五四"更有"礼教吃人"的说法。周启荣先生认为："怎样才能避免人情的过与不及呢？那就是依靠礼来规范。……情的恰到好处就是理，而礼能够使情合乎'天地之中'。"[1] 人对情感自由的向往是永恒的，文学家借助于"梦"来实现这种永恒，其中最具代表性的文学作品便是《牡丹亭》。"如丽娘者，乃可谓之有情人耳。情不知所起，一往而深，生者可以死，死可以生。生而不可与死，死而不可复生者，皆非情之至也。"（《牡丹亭记题词》）一个"情"字贯穿作品始终。

杜丽娘与柳梦梅的爱情处处不合礼教、礼法，甚至违反刑律，却为何得以流芳百世，甚至在今天还能引起许多年轻人的共鸣？答案就在一个"情"字。应该说，对真情的追求才符合人们心中之"礼"，而真情要依托自由才能够存在。

你道翠生生出落的裙衫儿茜，艳晶晶花簪八宝瑱，可知我一生儿爱好是天然。恰三春好处无人见，不提防

---

[1] ［美］周启荣著，毛立坤译：《清代儒家礼教主义的兴起：以伦理道德、儒学经典和宗族为切入点的考察》，天津人民出版社，2017年，第13页。

沉鱼落雁鸟惊喧，则怕的羞花闭月花愁颤。(《牡丹亭·惊梦》)

〔醉扶归〕中的一句"可知我常一生儿爱好是天然"，是杜丽娘的心灵自白，也是汤显祖的心灵自白。宁宗一先生曾指出："何谓天然？天然是自然，天然是自由，天然是人性。"[①] 杜丽娘对自己的才貌有自信，对于自由和幸福有追求，她不愿在金丝鸟笼里按部就班地度过"美满"的一生。她的老师以"后妃之德"解读《关雎》，而杜丽娘却从中悟出雎鸠"尚然有洲渚之兴，何以人而不如鸟乎"的道理。没有自由就不可能有真情的表达，只有实现了自由，才能够决定自己的命运、释放自己的真情。

原来姹紫嫣红开遍，似这般都付与断井颓垣。良辰美景奈何天，赏心乐事谁家院。朝飞暮卷，云霞翠轩，雨丝风片，烟波画船——锦屏人忒看的这韶光贱。(《牡丹亭·惊梦》)

〔皂罗袍〕是《牡丹亭》里最为大众所熟悉、传唱度最高的一支曲子。从表面看它表现的是少女思春，事

---

① 参见宁宗一先生2016年4月16日在国家图书馆的讲座《说不尽的〈牡丹亭〉》。

实上是大好春光唤醒了杜丽娘的对自由和幸福的向往。"默地游春转,小试宜春面。春呵,得和你两留连,春去如何遣?咳!恁般天气,好困人也。春香那里?天呵,春色恼人,信有之乎?常观诗词乐府,古之女子,因春感情,遇秋成恨,诚不谬矣。吾今年已二八,未逢折桂之夫;忽慕春情,怎得蟾宫之客?"(《牡丹亭·惊梦》)杜丽娘的这句念白中一连数个"春"字,一方面是内心对自由和幸福的向往,另一方面则是对青春易逝的不甘。

偶然间心似缱,梅树边。这般花花草草由人恋,生生死死随人愿,便酸酸楚楚无人怨。待打并香魂一片,阴雨梅天,守的个梅根相见。

〔江儿水〕中"花花草草由人恋,生生死死随人愿,便酸酸楚楚无人怨",表达的是如果人能够掌握自己的命运,自由自在地想爱就爱、想生就生、想死就死,那么人生还有什么可怨尤的呢?杜丽娘之所以"寻梦",是因为她不愿在空虚中等待,勇于为了得到真情而主动思索、规划自己的幸福人生。在后续的故事中,当个人幸福与礼教发生冲突时,杜丽娘并没有自暴自弃、自怨自艾,而是积极地追求内心的向往。在《写真》中,她主动画出自己的春容图,为日后与柳梦梅相见预设机会。在《冥判》中,面对胡判官,她能够大胆询问自己的夫家是谁,以及自己实现幸福的几率。在《离魂》中,她表达出对生命和真情的不舍,她为自己安排后事,坚持葬于大梅树下,并立下"等得个月落重生灯再红"的心愿。应该说,这在当时是惊世骇俗的行为,在今天仍然体现着一种反叛精神。从"应该做什么"的道德规则到"可以做什么"的权利意识,汤显祖以杜丽娘对"情"的呼唤、对"情"的追求,来表达自己对于违反人性的礼教的彻底否定,这对于打破禁锢着人的精神枷锁有着重大意义。

柳梦梅在〔太师引〕中以"叹书生何幸遇仙提揭,比人间更志诚亲切"发出了内心深处的感叹,鬼魂比人更有真情,这道破了现实世界的残酷,而美好只存在于幻想的世界。杜丽娘的形象有别于传统戏剧中女子软弱无力、只能作为男性附庸的定位,她无视礼教的束缚,与自己理想的情人自由地结合,但这一切只有在梦境中才能满足,只有借助于一缕幽魂才能实现。

在汤显祖的人物设置中杜丽娘并不是孤立的,不惧刑律、发冢开棺的柳梦梅,与小姐情同姐妹、无视礼教的侍女春香,仗义出手的石道姑和花郎,也都是心怀真情之人。至于老爷和夫人,倘若没有一点真情,又怎会依杜丽娘自己的主意葬她于大梅树下而不送回西蜀故园呢?可以说,如果没有众多有情人,便没有杜丽娘的"生可以死,死可以生"。而杜丽娘的真情也并非只对柳梦梅一人,在生命的最后时刻她表达出对父母的依恋之情,将孝心寄希望于来世报答："从小来觑的千金重，不孝女孝顺无终。娘呵，此乃天之数也。当今生花开一红，愿来生把萱椿再奉。"正如汤显祖本人所言："梦中之情，何必非真，天下岂少梦中之人耶？"（《牡丹亭记题词》）汤显祖逝世四百余年后的今天，这部作品仍能够打动世人的原因，正在于其中的"情"与"礼"在崇尚自由平等的当代社会焕发出现实价值。

宁宗一先生认为，《牡丹亭》是最早的"我的青春我做主，我的婚姻我做主，我的幸福我做主"。这个故事是虚构的，但是它的精神是真实的，是永恒的。它的审美格调是美致和大气，在灵动中洋溢着春光。关于《牡丹亭》的评论和改编都是说不尽的，《牡丹亭》就是在说不尽中流动。无论你肯定它多少，或者否定它多少，抑或是激烈争论，然而但凡研究文学史、戏曲史，没有一人能够迈过《牡丹亭》。每一个接受者、每一个传播者、每一个改编者内心应该翻腾的是关于我们人的心灵自由，以及掌握我们自己的命运的这种命题。这是阅读《牡丹亭》不可或缺的一种情怀。优秀的文学艺术就是捍卫人性的，越是灵魂不安的时代，我们越需要优秀的文学艺术作品给以抚慰。

因在精华版《牡丹亭》中成功塑造杜丽娘这一角色而获得"梅花奖"的著名昆曲表演艺术家孔爱萍老师在谈到角色创作时说，杜丽娘始终在努力地为自我实现积极寻求可能的途径，从来没有怨天尤人的悲怆。这既展现了人物本身对于命运的抗争与把握，也从另外一个角度体现了杜丽娘本身所蕴含的强烈的韧性。这一艺术形象之所以受到了一代又一代人的钟爱，与其中顽强的生命力不无干系。杜丽娘虽然是数百年前文学作品中的女子，但在今天仍然受到了很多年轻人的喜爱，也充分证明了这一形象的丰满与成功。可以说，杜丽娘身上体现了中国女子自强不息的灼灼魅力。

今天人们身处高速运转的社会链条上，或许并未觉察到礼仪内在精神的缺失，而将礼仪表面化、功利化、工具化。此时更需要反观古人对于真情的探寻，从而了解真正的礼仪并非对人性的束缚，而是对人性的解放，是由内而外的真情流露。一切对于人性美好的向往和追求，都似皎皎星光，照亮人类的情感与尊严。世人只有观照自己的内心世界，努力接近人心真善美的一面，人类文明才能走得更远。

后记：礼仪与真情

1998年我考入中国人民大学读书，大一第一学期的时候一节课不落地听了外交学家、礼仪专家金正昆教授的现代礼仪选修课，当时这是人大最火爆的课程之一，每次都要提前很早就去占座。事实上那时候我们外语系的学生并不需要自己选修课程，因为已经由系里为大家确定了选修课，也就是所谓的必选课。但我却被礼仪课程的内容所深深吸引，不但全部修完，并且有幸在大学毕业时考入金正昆教授的门下攻读外交学专业研究生。作为我国现代礼仪教育的先行者，导师不但将极为庞杂的现代礼仪知识系统化，将极为细碎具体的礼仪规范提升到理论高度，而且身体力行地通过著书、培训、讲坛及电视讲坛等方式，将这一曾经的冷门知识普及到全社会，掀起了全民学习礼仪的热潮。读研期间，除完成外交学课程学习并专注自己的研究方向之外，我还有机会参与了一系列现代礼仪研究工作。

毕业后我到国家图书馆工作，但却从未远离礼仪的教学与研究，这一方面得益于导师为我打下坚实的知识基础，使我能够面对不同受众讲授商务礼仪、服务礼仪、公务员礼仪、外交外事礼仪等各种与现代礼仪相关的课程；另一方面则是因为我的好友中国礼宾礼仪专业委会黄彩子秘书长和外交学院周加李老师，她们鼓励我深入到传统礼仪研究之中，特别是当我接到传统礼仪教材编写及教学任务的时候，我决心不能把传统礼仪全盘照搬到今天的教材中和课堂上，而必须去思考传统礼仪与现代礼仪的关系，去面对传统礼仪的现代转化的问题。经过一番努力，不但教材已在试点学校使用，而且我的传统礼仪课程也受到学生们的欢迎。

当完成本书写作时，我怀着惶恐的心情在第一时间请求宁宗一先生赐序。我的惶恐一方面是出于对这位大学者的崇敬之情，另一方面则是因为八十八岁的宁先生已极少动笔，特别是病痛使他握笔写字十分吃力。而我们之间的默契使我知道，一旦宁先生读了书稿便会产生共鸣，并接受我的请求。

记得2016年我邀请宁先生做客国图讲坛，他开场便引用周有光先生的话说："年纪老了，思想不老；年纪越大，思想越新。"宁先生自己便是这样的学者，年龄并没有束缚住他的思想，也从未令他停止过思考。渊博的学问、丰富的阅历，加上互联网、平板电脑、微信，使他身居其所谓的破瓦寒窑而洞悉天下事。宁先生于当年4月16日受邀在国图讲坛做讲座，回津后于4月20日写信给我，其中说道："这次竟然通过一次讲座和你结交成为亲密朋友，这是我这老头儿最感高兴的事，也是最大收获。"事实上，是我辛苦老人家奔波、讲课，只不过以自己的敬意、诚意为这位值得所有人尊敬的学者做了一些应做的服务工作，却得到宁先生的真情作为回应，这也是作为晚辈的我最感高兴的事和最大的收获。这封信是从右至左竖排书写的，从内容到行文格式都完全符合书信礼仪的规范，不但成为我的珍藏，而且被我作为传统礼仪课程上展示给学生的范本。此后，随着我们的交流日益频繁、共识逐渐增加，心灵的距离也愈加拉近，宁先生对我的称呼很快从"金龙先生"变为"小友"再变为"龙兄"。正是由于心灵的互通，我总是可以与先生直来直去地对话，也敢于在请先生赐序时自信地对他说出："我了解您的思想和观点，因此知道您能够写出最适合本书的序文！"很快我就收到先生亲笔书写的长达二十页的手稿，其中既有关于传统文化现代转化的宏论，又有对我们深厚友情的记录，于我于本书都具有格外重要的意义。同时，先生在序文中表达的对父亲、对后辈的情感，以及完全发自真情实感的谦逊，正是老一代学人精神品质的体现。接着沉甸甸的手稿我被字里行间蕴含的真情所打动，控制不住自己不断涌出的泪水，几近封笔的先生为我而破例，令我想到他在《点燃心灵之灯》一书中怀念恩师许政扬先生时写的："我等待，我乐观地等待被'点燃'的那一个时刻。"在长达七十年的教学生涯中，先生何时不在点燃自己、照亮后辈，这不正是对礼仪之生命意义的现身说法吗？

能够将我的一些思考写成书得益于厚艳芬老师的热情鼓励与专业指导，本书书名也拜厚老师所赐。当年正是通过厚老师的介绍，我才与宁宗一先生结识；当我向厚老师提起请宁先生赐序的心愿，厚老师马上表示赞同，并给予我信心。人与人的缘分很奇妙，我相信只要秉持真情待人，生命中就会有更多美好。在写作和出版过程中，责编白彬彬博士始终给予我悉心的指导与帮助，遇到一位高水平、值得信赖的责编老师，是作者最大的福分。

在此，我向大家致以诚挚的感谢！此外还有很多鼓励我写作本书的师长、朋友和学生，我深深地感恩并为大家送上祝福！

虽然我认真对待本书的写作，但文中一定尚有很多不足之处，本人文责自负。期待朋友们不吝赐教，指导、帮助我学有长进，或许未来还能通过文字续上这段"礼仪与真情"。因此，我想用清人陈端生《再生缘》中的词记录我此刻的心情。

起头时，芳草绿生才雨好，
收尾时，杏花红坠已春消。
良可叹，实堪嘲，流水光阴暮复朝；
别绪闲情收拾去，我且待，词登十七润新毫。

金龙

己亥夏至